久通邦昭

少年皇族の見た戦争

宮家に生まれ一市民として
生きた我が生涯

Kuni
Kuniaki
久邇邦昭

PHP

昭和19年（1944）、海軍兵学校での準備教育に臨む私。15歳のころ

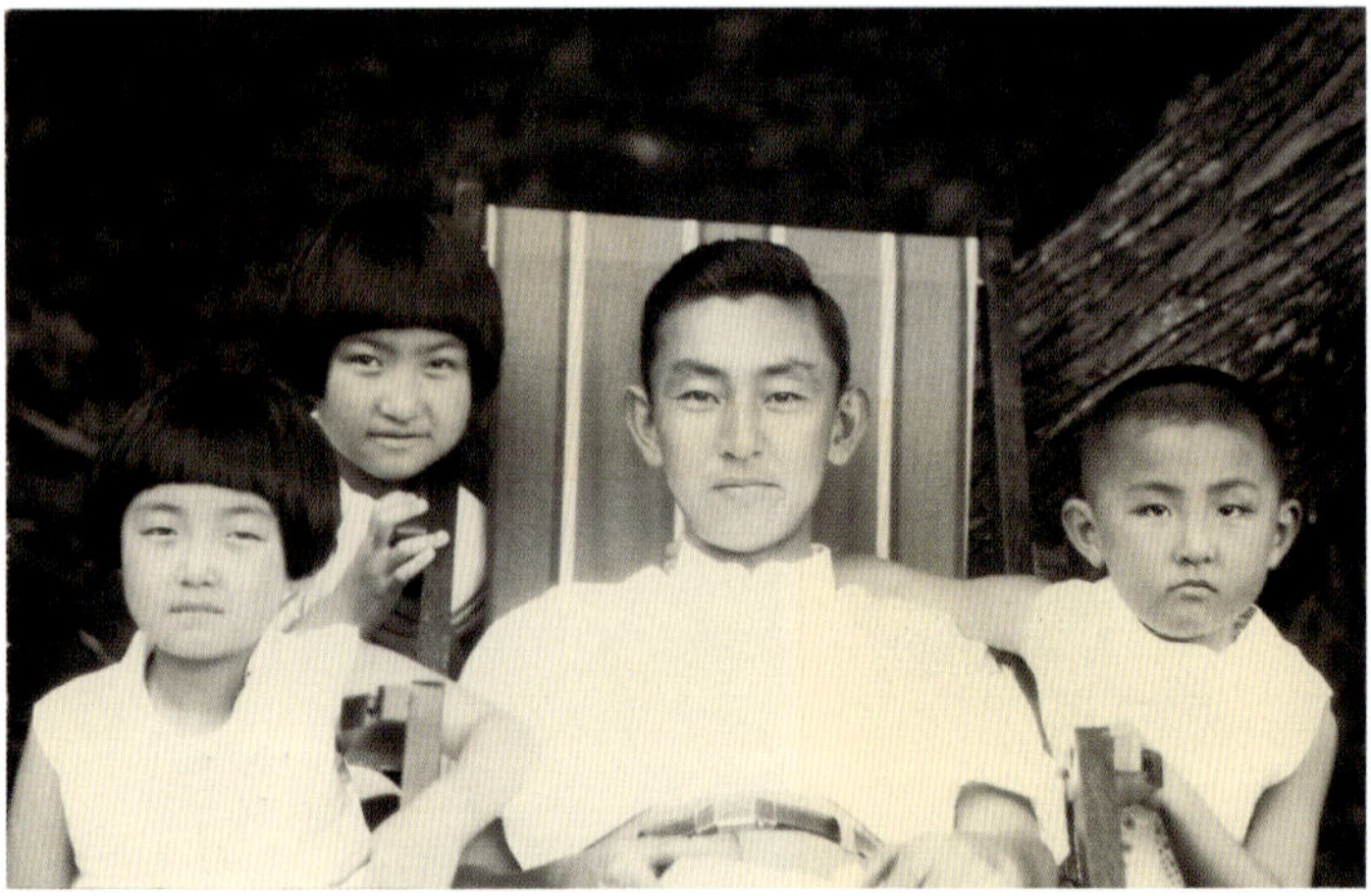

父・久邇宮朝融王と姉たちと共に、渋谷区宮代町の家の庭で

母・知子女王と

曾祖父・久邇宮朝彦親王を囲んで。前列左より、華頂宮妃（博経親王妃か）、華頂若宮、伏見宮妃、梨本宮守正王、久邇宮朝彦親王、山階宮菊麿王、伏見宮邦家親王妃、篶子（すずこ）女王、小松宮妃、不明、北白川宮妃？
後列左より、東伏見宮依仁親王、伏見宮貞愛親王、北白川宮能久親王、不明、小松宮彰仁親王、閑院宮載仁親王（並河靖之氏の記憶による御名の写し）

祖父・久邇宮邦彦王と祖母・俔子。欧州視察の帰路に立ち寄ったアメリカで、当時の合衆国大統領ウィリアム・タフト（中央）と

昭和天皇とご一緒に

宮代町の家を離れるに際して香淳皇后行啓の折のお写真。
皇后をお囲みして、左から私、3番目の妹、2番目の姉、2番目の妹、祖母、
香淳皇后、父、母と上の弟、上の妹

昭和24年（1949）12月26日夜、大宮御所にて。中央が皇太后陛下（貞明皇后）。その左に今上陛下（当時、皇太子殿下）、義宮（常陸宮）殿下。皇太后陛下の右隣が私、その右が李玖様（元王世子　※韓国李王家の李垠殿下と方子女王殿下の御子息）

昭和16年（1941）4月10日、大阪中央公会堂で聖徳太子1320年御忌記念講演をする叔父・東伏見邦英伯爵（戦後に得度して法名・慈洽〈じごう〉と称する）

社会人となって最初のロンドン赴任（昭和32年〈1957〉～）の折に、ロンドンのギルド・ホールにてロンドン市長と

チリ赴任当時（昭和41年〈1966〉～）の私の妻（左）と子供たち（右）

私は平成2年（1990）から平成13年（2001）まで、伊勢の神宮の大宮司を務めることになった。平成7年（1995）にヴァチカンでローマ法王ヨハネ・パウロ2世を訪問した折の一枚（上）と、平成12年（2000）に行われた「国連ミレニアム平和サミット」の折の一枚（下）

平成5年（1993）の第61回式年遷宮御奉仕で、池田厚子祭主（写真中央）と（上）。遷宮の折にのみつける装束で（下）

はじめに

私は何の変哲もない一人の市民、東京の片隅にひっそりと暮す一介の米寿に程近い老人にすぎないのだが、図らずも私の一代記、生い立ちの記といったものを上梓することとなった。まあ一寸《ちょっと》変わった経歴ともいえるので、あるいは興味をもって下さる方もあるかもしれない。というわけだが、そのいきさつを一寸《ちょっと》書いておかないと何だか落ち着かない。御容赦を乞う。

私は一九八七年（昭和六十二年）にロータリークラブに入った。東京南クラブというのだが、例会には丸テーブルを囲んで七～八人ずつ、食事が三十分、あと三十分は各界様々のスピーカーを招いて卓話を聞く。面白く為《ため》になる話が多いが、この食事の三十分は同じテーブルの会員たちとの会話を楽しむ。テーブルのメンバーは時々変わるので色々な話が聞ける。

私は生来無口、話下手なのだが、こうした様々の人々との会話を通じ、また、ガバナーというのをやらされて、九十からある所属クラブの例会を巡って三十分の卓話をやるきまりがあり、一寸《ちょっと》ずつは内容を変え、中身はあっても堅苦しくない楽しい卓話をしようと努力するうち、多少は話がうまくなったと思う。そしてガバナーの話は面白いなど言ってくれる人も少しは現れ、そしてそうした話をまとめてみてはどうかとか、いっそのこと生い立ちの記みたいなものを書いたらとか言う人もいて、出版社関係の人がしきりとけしかけるものだから、最初はとてもとても私にはそんな才はないと言っていたのだが、私は一寸《ちょっと》変わった人生を送ってきた面なきにしもあらずだから、あるいはなるほどそんなこともあるか、面白いなと思ってくれる人もいるかもしれない、などと思いはじめ、生まれて初めての試みに手をつけてみようかとなった次第。

私のところにはガラクタを含めて結構蔵書があるのだが、どんな本でも折に触れて何かあっと思うようなところにぶち当たるもの。そして捨てきれないでいるわけだが、こうしたガラクタの一冊として本棚の隅に置いてくれる人がないでもなかろうなど夢想している次第。さて如何《いかが》なものか。

平成二十七年五月

久邇邦昭

少年皇族の見た戦争　目次

第二章　戦争と皇族——私の海軍生活

第三章　戦い終って――靖国神社と皇籍離脱

第四章　私の会社員生活――海外駐在の思い出

第五章　伊勢の神宮――大宮司として触れた神道の心

装丁・川上成夫
編集協力・メディアプレス

第一章

久邇宮家に生まれて——幼少時代

久邇宮の祖、(中川宮)朝彦親王のこと

私は昭和四年(一九二九年)三月二十五日、東京の国立第一病院で生まれた。姉が二人、その次の長男、あと次々に生まれ、妹が三人、弟が二人の八人兄弟姉妹だ。

私の家系は戦後、臣籍降下するまでは皇族の一員だった。幕末から明治の初め、それまで皇族は四親王家に限られていたのを、維新動乱、王政復古と皇室の公務もふえ、態勢を一段と大きくしなければということであろう、法親王を還俗させるなどして宮家をふやした。そして伏見宮邦家親王《ふしみのみやくにいえ》の王子尊融《そんゆう》法親王といったのを還俗させて、朝彦《あさひこ》親王として久邇宮《くにのみや》をたてた。

この伏見宮というのは南北朝時代、北朝第三代の崇光天皇(在位一三四八〜一三五一年)の第一皇子栄仁《よしひと》親王に始まる宮家で、江戸末期に定着していた四親王家のうち一番古い宮家である。

世襲親王家(四親王家)の役割は、天皇に皇子が生まれず跡継ぎがない時に入って天皇位を継ぎ、皇統を絶やさないことにあった。そうした例は何例かある。近くは光格天皇(明治天皇の三代前)が閑院宮から入っておられる(兼仁《ともひと》親王)。一方で、親王家に王子が出来ないときは皇子を入れて跡を継がせ親王家を存続させていた。桂宮では創立から幕末まで十一代

のうち八代が皇子、有栖川宮でも八代のうち二代が皇子である。

朝彦親王は文政七年（一八二四年）生まれ、天保二年八歳の時、本能寺に入って日慈上人について五年間勉学した。ヤンチャな少年であったようだ。十三歳で仁孝天皇の勅によって興福寺の一乗院門跡を相続、十五歳で得度し嘉永五年（一八五二年）二十九歳まで奈良に在住した。時の奈良奉行川路聖謨《かわじとしあきら》は聡明天稟《そうめいてんぴん》ありと書いている。

嘉永五年、孝明天皇の勅によって天台宗の青蓮院門跡となり尊融の名記を賜わり、その年末天台座主《ざす》の宣命《せんみょう》を受け、皇室の護持僧に補せられた。

翌嘉永六年、ペリー、プチャーチンの来航があり、外国との交渉・開国攘夷の論争の渦中にあって、孝明天皇の厚い御信認を得て、終始、思し召しに随順してその達成に努力した。安政三、四年（一八五六、七年）の頃は三日に一度は参内し、夜に入って退出するのが常であったと伝えられる。親王は安政五年の橋本左内の他、梅田雲浜《うんぴん》等の志士、公武の多くの人物との交際があったことが知られる。

大老・井伊直弼の弾圧策によって所謂《いわゆる》安政

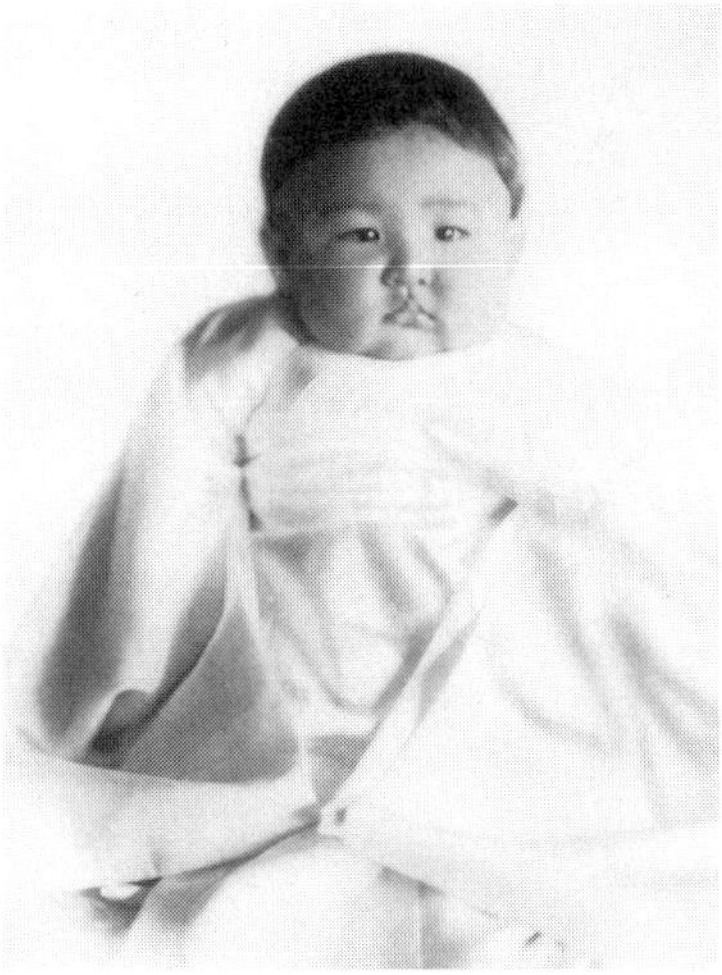
生まれたばかりの私

の大獄が起こるが、親王は朝権回復を図る朝臣の中心と目されていたので、幕府の圧力により座主をやめて相国寺内の桂芳軒という無住の荒寺に幽閉蟄居せしめられた。

二年四ヶ月蟄居の後、文久二年（一八六二年）八月青蓮院門跡に戻り、ついで国事御相談御扶助を命ぜられ、翌三年正月還俗、中川宮の称号及び朝彦の名を賜わった。

幕末の動乱と、孝明天皇の突然の崩御

当時、攘夷の即時実行を主張していた長州藩の勢力が朝廷を支配していた。

そのため、文久二年（一八六二年）十二月、攘夷の勅書が将軍徳川家茂に下され、翌年三月、家茂は上洛し、同年五月十日をもって攘夷を決行すると約束させられてしまう。尊王攘夷派が朝廷にそこまで強い影響力を及ぼしていたのである。

さらに同年（文久三年）八月、大和行幸の詔勅が発せられる。これは孝明天皇に攘夷祈願のために神武天皇陵に御参拝いただこうというもの。さらに偽勅を全国に送って攘夷親征（天皇自ら軍を率いること）の軍を集めることも計画されていたという。まさに朝廷と幕府は一触即発の事態となった。

この時、朝彦親王は夜中参内直奏し、長州の意向による大和行幸（攘夷祈願）の御取止めを願って御聴許となった。

天皇は暴を以て事を決するのを非常にお嫌いになっており、親王の捨身の行為によって局面の転回が行われたのである（八月十八日の政変）。

これが孝明天皇の思し召しに沿うものであったことは、この政変を支えた幕府の京都守護職・会津松平容保に、この時に下した宸翰《しんかん》（天皇直筆の手紙）からもわかる。この宸翰には、「堂上以下、暴論をつらね、不正の処置増長に付き、痛心堪え難く、内命を下せしところ、すみやかに領掌し、憂患掃攘、朕の存念貫徹の段、全くその方の忠誠にて、深く感悦の余り、右一箱、これを遣わすものなり（尊王攘夷派の公卿などが暴論を並べ、数々の不正を行い、増長していることに心痛め、堪え難く思って、彼らを排除するように内命を下したところ、速やかに憂いの患を掃攘し、朕の存念を貫徹してくれた。まったく容保の忠誠にて、感謝と喜びのあまり、御製〈天皇が作った和歌〉を入れた箱を贈る）」とある。

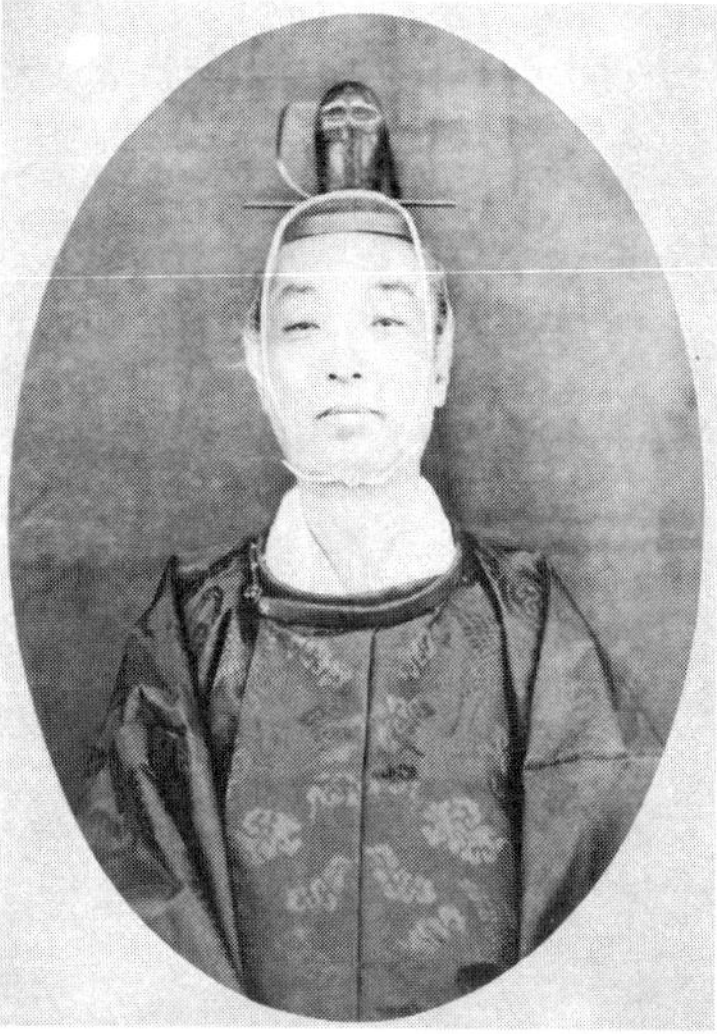

私の曾祖父・久邇宮朝彦親王。幕末には中川宮の宮号で知られた

もちろん、孝明天皇に諸外国との関係を心配されるお気持ちがあったことは間違いなかろうが、攘夷親征をするなどということは尊王攘夷派の過激派が仕組んだこと。孝明天皇ご自身は、国難に当た

って、あくまで公武合体（朝廷と幕府の結びつきを強めようという考え）を推し進めようとされていたのであろう。

この結果、尊攘派の公家七人が京都から追放されることになり（七卿落ち）、以後、挽回を目指した長州藩が京都に攻め上るも失敗（蛤御門の変）。この戦いで御所に向けて大砲を撃った長州藩は「朝敵」となり、幕府が長州藩を攻めることになる（長州征伐）。当然、このような時流の発端となった朝彦親王は、尊王攘夷派の公家や志士たちから怨みを買うこととなった。

薩摩藩の島津斉彬《なりあきら》、久光はこのような幕末の情勢の中で、朝彦親王を支持してきていた。しかし、第二回長州征伐の頃、薩長提携が成立。次いで慶応二年十二月孝明天皇は突然崩御になった。

この崩御については、毒殺との有力説があり、尊王攘夷派が疑われたりしている。作家の中村彰彦氏が「孝明天皇は『病死』したのか」（『幕末維新史の定説を斬る』講談社刊に所収）で、この問題について詳しく論考されている。孝明天皇は天然痘で崩御されたこととなっているが、病の経過を辿ると、通例の天然痘の症状では説明できぬことも散見される由。この中で中村氏は、『朝彦親王日記』の慶応三年一月五日の項に、崩御されたばかりの天皇が鍾《しよう》馗《き》のような姿の怨霊となって現れたとする記述があることを紹介され、「亡き天皇がこのような姿の怨霊となってあらわれたとは、その死因が単なる病死ではなかった、とする見解から生み出された噂だったに違いない」と書いておられるが、さて。

「島津家からお輿入れされたときには、本当に何もなかった」

いずれにせよ、茲《ここ》に、天皇の暴を排する御意志のままに働いてきた朝彦親王の政治活動はその意に反する事態となり、親王を盟主の如くいただいて活動した朝臣も、天下の大勢に便乗して政治の実権を握る夢をふくらませ、親王は四面楚歌の状態となる。慶応三年末、王政復古。朝彦親王以下二十一人の公卿は謹慎を命ぜられ、多くは短時日で許されたが親王のみは明治五年までに及んだ。公武合体を基とする孝明天皇の御意志に順《したが》ったがため、反対派の憎しみを受け、慶応四年八月、偽《にせ》の謀反盟約書により広島芸州藩おあずけとなったのである。

この謀反盟約書には親王の偽の手形が押してあり、親王の手よりは大分大きな手の形であったとのことである。

当時の政情は誠に不安定、親王が皇位を窺っているなどという一派（面白くなく思う尊王攘夷派か）もあったという人がいるが、孝明天皇の御意に順《したが》って努力した様子、また多くの御歌を誦してみてもとても信じられない。このような状況に必ずといってよいほど見られる、ある目的をもって流される典型的な悪意ある中傷というべきであろう。

親王は幕末維新の難しい時代に孝明天皇の御信頼を得、天皇の公武合体、内戦回避のお考えに共鳴して活動したのであるが、主として長州の討幕、政権奪取の野望のため不遇の一時期を送られたわけであり、その勇気ある行動は他の何人も比肩することが出来なかったというべきだろう。親王の行為については色々の評価があるようであるが、私はこのように確信している。

この時期の朝彦親王は、当然のこと、厳しい境遇に置かれていた。私の祖母（久邇宮邦彦《くによし》王と結婚した俔子《ちかこ》）が島津家からきたのは明治三十二年（一八九九年）だが、その時もまだ、その余波が色濃く残っていたのだろう。

少女の頃に朝彦親王に仕え、さらに祖母が輿入れしてから祖母に仕えていた木村みきという人がいたが、よく、「島津家からお輿入れされたときには、本当に何もなかった」と語っていた。お正月も、お雑煮に入れるキジが買えなくて、味が似ているという焼き豆腐を代わりに入れたというほど、お金がなかったようである。

また、幕末に朝彦親王に仕える侍だった山田勘解由《かげゆ》時章の孫にあたる方と話したことがあるが、「祖父がよく、『朝彦親王が危ないので、毎夜、朝彦親王の次の間で一晩中、刀を抱えて寝ていた』話を聞かせてくれた」と言っていた。京都時代のことであろうか。緊迫感が伝わる話である。

額を舟底にすりつけて御免を請うた岩倉具視

中川宮の後、賀陽宮《かやのみや》を称したが明治八年久邇宮と改め、同年七月伊勢の神宮祭主に任ぜられた。神宮祭主というのは後醍醐天皇の皇女以来久しく絶えていた斎宮の伝統を継ぎ、皇族をその最高位に置いて天皇に代わって大御手代《おおみてしろ》として祭祀に奉仕、総判《そうはん》するというものである。祭主職は中世以降では藤波家が世襲したが、明治以後は第一代近衛忠房、第二代三条西季知《すえとも》であったが、八年七月皇族として初めて祭主となった。天皇に代わって奉仕する以上は斎王の伝統を継ぐ皇族がふさわしいとの度々の建白によるものである。明治二十二年第五十七回式年遷宮に奉仕された。

明治二十四年、六十八歳で神嘗祭《かんなめさい》に奉仕中に発病、京都下立売の邸に帰ろうとて駕籠で出立したが途中命運を悟り、神宮の地で最期を迎えようと駕籠を返し、伊勢の地で薨じた。

親王の祭主在職中の主な事蹟としては明治二十二年の式年遷宮のほか、神宮皇學館（現在の皇學館大学）の創立、神宮の地位、祭式の確定上奏等があるといわれる。神宮皇學館が創立されたのは明治十五年のことだが、神宮祭主を務めるにあたって、自分自身も神職としてもっと勉強をしなければいけないとの朝彦親王の考えからだと聞いたことがある。文明開化の世に、日本の神道の伝統をしっかりと残していくことも考えられたのではないか。明治天皇は明治二十三年十一月、親王に宴を賜わり、催馬楽の「伊勢の海」を奏させ、諸事蹟を嘉せられたという。

親王は幕末維新の難しい時代に孝明天皇の御信頼を得て活躍したわけで、それ故に色々の評価があるようであるが、天皇の突然の崩御がなければ歴史の流れも変わっていて戊辰の戦なども回避出来たやも知れず、朝彦親王ももっと力を発揮出来たかもしれない。まあそう簡単ではなかったであろうが。

明治になってから、岩倉具視が親王を嵐山で川遊びにお招きし、障子を閉めた屋形舟の中で、額を舟底にすりつけて御免を請うたとの話があるが、尊王攘夷派を操縦して朝彦親王を、また孝明天皇をお苦しめしたことを思えばさもありなんと思われる。

明治十七年、具視逝去一年祭の時と思われるが、一対の菊を手向けてよんだ御歌があるのでのせておく。

明治十七年甲申年
　岩倉贈太政大臣手向に対菊
　　憶昔といふことを
九重に　さきしむかしの　きくの花
いまの世までも　香そのこりぬる

（九重に咲きし昔の菊の花　今の世までも香《か》ぞ残りぬる）
かくはしき　匂ひのこれと　菊の花
むかしのいろを　みぬそかなしき
（香しき匂ひ残れど菊の花　昔の色を見ぬぞ悲しき）

いずれにせよ遥かな昔のこと、それぞれ曾孫の具忠君と私とは長らく親しく付き合っている。

尚、神宮の現在の規則では祭主には皇族もしくは皇族であったものがなることとなっていて、親王のあとは三人の子供、賀陽宮邦憲王《かやのみやくにのり》、久邇宮多嘉王《くにのみやたか》、梨本宮守正王《なしもとのみやもりまさ》が継ぎ、これで終戦、戦後は北白川房子、鷹司《たかつかさ》和子、池田厚子の三人の元内親王が継いでいる。

ついでに私が神宮大宮司を務めたことに触れておこう。私は平成二年から十三年まで十一年間大宮司として神宮に奉仕したが、これも朝彦親王とのつながりがあってお受けしたといえよう。大宮司の仕事など書くことは沢山あるが、後の平成になってからのところで書くとしよう。廻り合わせというべきか、朝彦親王は皇族として明治以後最初の祭主であったが、私は旧皇族として最初の大宮司というわけだ。

朝彦親王の御歌

朝彦親王の御歌を幾つか掲げておこう。

　　世の中の静《しずか》ならざるよしをききて
天地《あめつち》に神ましまさば払ひませ
てる日のもとにかかるうき雲

　　閑居のつれ〳〵に
わが庵《いお》をおとなふ人もあらずして
をり〳〵きくは松風の声
（以上自安政六年至文久二年相国寺蟄居の折）

　　明治元年八月十六日広島佃出立のおり
あだしのの露ともきえむ身なれども
しばしはおかむあきの宮島

淀わたりにやどりけるおり
夜もすがらねられざりけり故里の
子らのことのみおもひやられて

織女惜別
もろ人もあはれとぞみよ天の河
きり立わたる今朝のわかれ路
（以上自明治元年至同三年広島蟄居時）

明治九年御会始（歌会始）
新年望山
打むかふかがみの山にいずる日の
ひかりぞ年のはじめなりける

吉野懐古
ありし世をしるもしらぬも吉野川

清きながれを誰かくまざる

秋田家

朝な夕な露にぬれつつしづのめが
つくりしいねのみのるゆたけさ

明治十五年御会始

河水久澄

水清くいまもながれてかみのます
みもすそ川はにごる世ぞなき

遷宮竟饗宴和歌（明治廿二年十月十四日）

万代《よろづよ》に流て絶ぬいすず河
さやかに神の影も見ゆらむ

朝彦親王の後は邦彦《くによし》王、朝融《あさあきら》王、次が私で四代目ということになる。

ここで印《しるし》ということについて書いておこう。印というのは皇室、皇族、公家の中で使われてきたものだが、本名（私なら邦昭）で呼ぶのを控えて〇〇印様というように呼んだものであろう。今では正月膳の時の箸袋や下着などに書いている。

私の知る限りでは朝彦親王は巌印《いわおじるし》。邦彦王は印は不明だが号は謙堂。邦彦王妃俔子は米《よね》印。父朝融は春印。母知子《ともこ》は桃印（香淳皇后が桃印だったので若桃印としていた）。

私の兄弟姉妹は皆、雅楽の楽器の名前。姉二人は箏《こと》印と鼓《つづみ》印（鼓は現在雅楽では使われず、雅楽の打楽器は羯鼓《かっこ》、太鼓《たいこ》、鉦鼓《しょうこ》――右舞で三の鼓――だけだが昔は尺八とか色々と使われたようで、鼓が使われたかどうかは知らないが、女の子に太鼓印とか羯鼓印とかいうのは一寸変《ちょっと》なので鼓印としたのであろう）。妹三人は鈴印、笛印、駒印。弟二人は鉦《かね》印、弓印。私は笙印である。

家内は結婚後、琵琶《びわ》印。二人の息子は鶴印、亀印。娘は米印。長男の嫁は花桃印とした。

江戸の昔を思わせる趣ある地名

両親は結婚直後は鎌倉に住んだらしいが、私の生まれた頃は駒沢に移っていた。今、東急田園都市線に駒沢大学という駅があるが、太平洋戦争後すぐの頃には駒沢ゴルフ場の跡が残っていた。両親の家はこのゴルフ場のすぐわきにあって、庭から入って球を打ったりしていたとのことだ。当時はのんびりしていたのだろう。このゴルフ場は少数のゴルフ場の中でも有名で、昭和天皇も楽しまれた写真がある。

この駒沢ゴルフ場の跡は今はよくわからなくなっていて、駒沢公園とか駒沢大学とかのあたりだったろうと思うが、このあたり目黒から多摩川に向かって田園風景が広がっていたのは、そう昔ではない。今の二四六大通りには玉川電鉄（タマ電、多摩川の砂利を運ぶのでジャリ電ともいった）が通っていて戦後も時々乗ったし、今の目黒通りには元競馬場という四つ辻や、鷹番という地名も残っている。このあたり江戸時代には将軍のお狩場となっていて、鷹番という所は鷹匠の一団が住んでいたのだろう。

こうした古い地名について私見を述べさせてもらうと、私が長く住んだ渋谷から麻布のあたりを例にとると、ある時、古い地名がみんななくされて、六本木にまとめたり新しい名前になったりしてしまった。霞町、笄《こうがい》町、材木町、三軒家町、宮村町、簞笥《たんす》町等々皆消えてしまった。

銀座も全部何丁目かになってしまったが、四丁目は尾張町。都電（市電）の車掌さんが「尾張町でございます」という声が耳にきこえるように思う時があるが、年寄の何とかというのだろうか。歌舞伎座のある東銀座は木挽町だった。浅野内匠守《たくみのかみ》が切腹した田村右京大夫の邸のあった田村町も隣の左久間町も消えてしまった。業平橋《なりひらばし》駅は今やスカイツリー駅だ。松見坂とか潮見坂とか江戸の昔を思わせる趣ある名前が消えたのも、心の何か豊かさといったものがなくなって淋しい気がする。

また、日本の何丁目何番地何番という地番のきめ方は、歴史があって色々の考え方があるのかと思うが、一応外国の場合、たとえば私が長く住んだ英国では道には大小に拘《かかわ》らずすべて名がついていて（……road, ……street, ……lane, ……alley, ……avenue 等）、その他にも「……道」の「道」のつかない名前も沢山ある。こうした道には順番に番号がついていて、道の側によって奇数一、三、五、七……、偶数二、四、六、八……となっている。さらにロンドンの場合は東京の区のようなWE（ウエストエンド）、SW（サウスウエスト）のような地区名がついていて、39クイーンズゲイトSW7といった地名になっている。そして『A to Z』という小冊子（岩波新書を少し大きくしたくらいの大きさ）には地図と索引があって、バスマップと地下鉄（アンダーグラウンド）マップがあればロンドン中どこにでも誰でも迷わずに行ける。

そして一定の型をした黒いタクシーが走っているが、道名と番号をいえば必ず間違いなく到達する。タクシードライバーの試験はなかなかきびしくて、受験者はロンドン中を自転車で廻って道を覚えるのだそうだ。試験に受かるのに何年もかかる人もいるときいた。もし間違えたのがわかると首になるのだそうだ。

日本では丁目、番地、番号が順番になっているとは限らないので、よく地図をみておかないとなかなか行きつけないことがあるが、西欧の国々では簡単に目的地を発見出来るのは便利だ。

依然として跡づけにくいのに、六本木にまとめたり、意味ないと思うが。何か工夫が出来なかったのだろうか。

渋谷区宮代町一番地の家のこと

さて、この駒沢の家は覚えていないが、私が二つか三つの頃、祖父母が住んでいた渋谷区宮代《みやしろ》町一番地の家に移った。私が生まれたのは昭和四年三月だが同じ年の一月に祖父邦彦《くによし》王が亡くなったので二～三年後に移ったのであろう。

この宮代町というのは恵比寿の平地が一段高い崖になって、その向かって右側が広尾の谷、その奥が霞町から青山に向かい、この谷の右側の高地に有栖川宮恩賜公園があるが、この崖の左手の坂道、広尾小学校などのある坂道に区切られて家の土地、その奥に日赤（日本赤十字病院）とこの二つで形成されている。この二つで一番地、宮代町はこれしかないという珍しい町だ。江戸時代は堀田他三家の屋敷があったとのことだ。

娘の友人のY君がみつけて送ってくれた、昭和二年五月発行の建築資料研究会の「最新建築設計叢書　久邇宮御常御殿」という貴重な面白い印刷物があって、こまかい設計図と各部屋の写真がのっている。時々懐かしく見返しているのだが、所在地は東京府豊多摩郡澁谷町下澁谷豊島御料地とあり、起工は大正十一年三月、竣工は大正十三年十二月とある。宮代町の地名はこのあと出来たのであろう。色々書いてあるが、格天井及び襖は横山大観、下村観山、木村武山、河合玉堂、竹内栖鳳、山元春擧等の揮毫とある。

この家についてのかすかな記憶は、小食堂と名づけられた部屋に続いて張り出した四間ほどの一画で多分自動車の小さな模型を押しているところだ。私の生まれて初めての記憶といってもよいのかもしれない。この一画は間もなくこわされて花壇になった。一頃は苺畑になって兄弟姉妹でわいわい言って摘んだこともあった。

家の中の「表」と「奥」

他の宮家、また公家、大名家も似たようなものだったかもしれないが、住まいには「奥」と「表」があった。

あの頃は、皇族の男子としてしっかりやっていかなければいけないということも基本にあったのだろう。昭和十年、小学校（学習院初等科）に入ると表に行かされて自分の居間、寝室で過ごすようになり、「奥」と一応切ることになった。奥は女性などが生活する空間であり、男子は表で生活をするのだが、ただ夕食だけは、奥に行って皆で一緒に食べていた。父は海軍で、勤務地の関係で東京住いは少なかったが、姉二人と私と三人でご飯を食べ、それからしばらく奥にいて、寝る時になると、「それじゃあ、お休み」と言って帰るわけだ。奥と表は長い長い廊下で結ばれていて、電灯がぼっとついている。少し怖いので、私は走って部屋に帰ったものだ。そうすると、私の部屋の横のところの曲がり角に、私の担当のいわゆる御付きが待っている。そして、風呂に入って、寝るのである。

御付きは、二人いた。当時は、教員を養成する学校として東京に青山師範（東京第一師範学校）と豊島師範（東京第二師範学校）があったが、それぞれ、その学校を優秀な成績で卒業した人たちだった。二人とも男性の先生で、先生なのだけれども、いろいろと私の世話もしてくれていた。半分先生で、半分御付きというような感じといったらよいだろうか。青山師範の人は終戦頃までいたように思う。豊島師範の人は、私が初等科を出る頃に辞めて、戦争で亡くなってしまったのだろうか、戦後音沙汰なしになってしまった。

母に会うのも、毎日というわけではなかった。もっとも、母も父の勤務地のほうにもいたりしたので、いつでも一緒というわけではなかったわけだが。だから、奥に行く時も、上の姉二人と三人の生活ということも多かった。私の家は父が海軍だったせいもあり、比較的自由な雰囲気だったと思う。子供たちも皆、いうなれば自由に遊び回っていたのだと思う。

ただし、皇族の男子だから、いわゆる帝王学のようなことが学べるように配慮されていたのであろう。母からも、「人に気を使わなければいけませんよ」「しっかりしなければいけませんよ」「友だちに負けてはいけませんよ。しかし、やはり人には情けをかけなければいけませんよ」というようなことを、よく言われていたように思う。

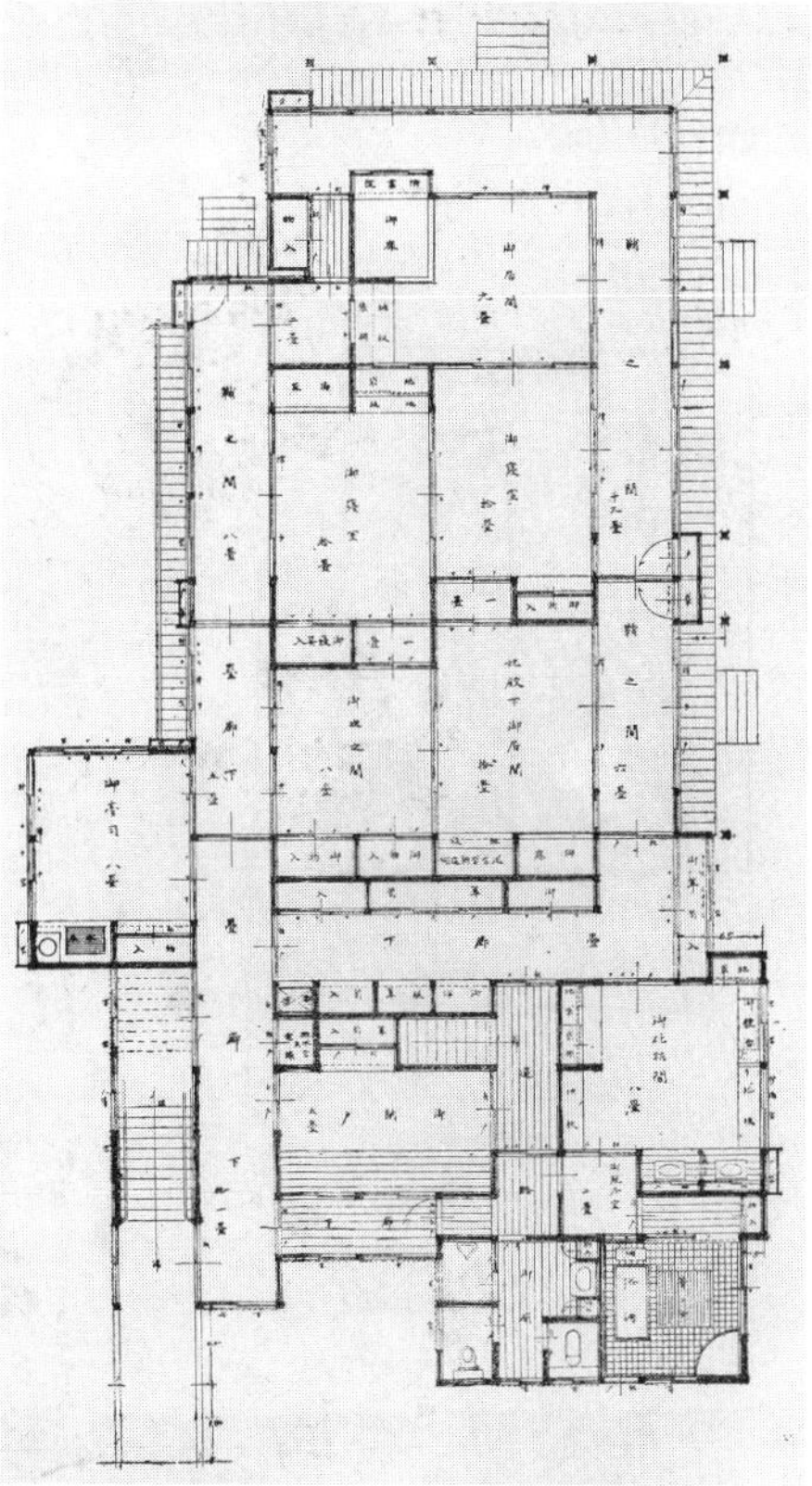

『最新建築設計叢書　久邇宮御常御殿』（建築資料研究会発行）より、階下平面図（設計：森山松之助）と、私の記憶に基づく部屋の呼び方

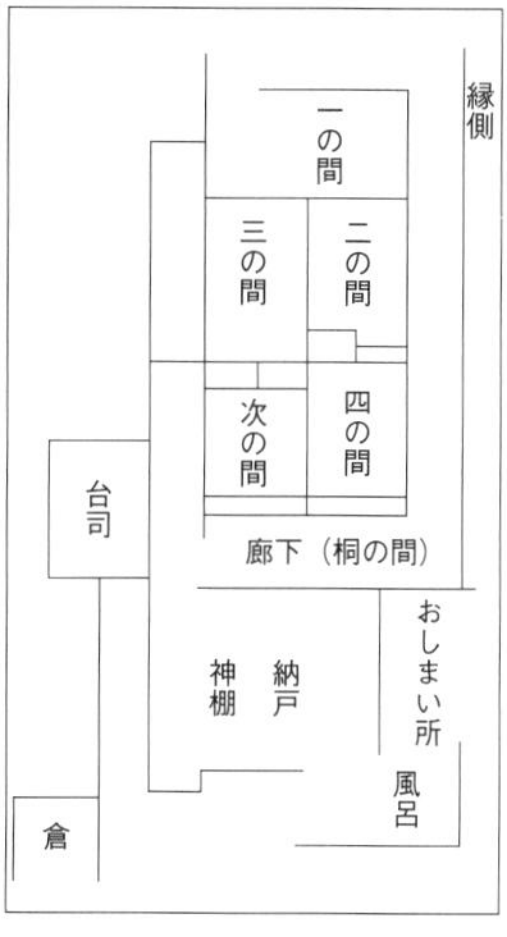

小学校に入る前、あるいは小学校に入ってからもたまに、庭のブランコや滑り台で母と一緒に喋《しゃべ》ったり遊んだりしたこともあった。母が家にいる時には、学校から帰ってくると「帰りました」と奥の母の部屋のほうへ行ってご挨拶をして、すると学校でどうだったのというような話もあった。勉強の合間に、先ほど紹介した花壇で遊んだりしたこともよくあった。楽しい家庭であった。

家族皆でレコードを聴いた楽しい思い出

住まいの説明に戻ろう。家の場合、その大きさは大体半々くらいだったが、奥表の境に杉戸があり、杉戸の奥側に候所《こうしょ》という部屋があり、そこから横に女中部屋が並んでいた。お局《つぼね》部屋と呼ぶ人もいた。当時は女中さんというのが通称だったが、家では侍女、次侍女、下女という区別があった。今だと下女などというと差別語のようだが、当時は別にそうではなく、下女で慣れると次侍女になったり、次侍女が侍女になったりした人もいた。

この並びの中ほどに通じて大きな台所があってお清所《きよどこ》と呼ばれた。何時《いつ》か歌舞伎をみていてお清所が……という台詞があったところをみると大名家でもそう呼ばれていたのだろう。

この先は表になるが、事務所（役所といった）、応接室が幾つか、菊の間、紅葉の間、書院、大広間、大食堂といった部屋が続いていた。奥のほうには内輪の客のための応接間、小

（上）宮代町に建っていた家の外観。現在も聖心女子大学にある
（下）家族でレコードを聴いた２階の父の書斎（写真提供：聖心女子大学）

食堂、あとは居間等になる。

一番奥に私たち家族の居住部分があったが、一の間、二の間、三の間が私と姉二人の三人の居住部分であった。一の間には二人の姉の勉強机が置かれ、夜聴いたりする小さなラジオ、手巻きの蓄音機と「歌を忘れたカナリア」だとか「わらべ歌」だとかのレコードがあった。先ほど述べたように、小学校に上がってからは別々になったが、まだ私が幼かった頃は二の間で三人並んで寝て、食事は一の間で小さなチャブ台に正坐して食べた。

上の三人は年が近かったが、妹たちは一寸《ちょっと》離れていて、私から四つと八つ下だったが、この二人は四の間と次の間で主として暮していた。その下の弟妹はまた離れていたから、戦後の別の家が主となる。

二階は両親の居住区であった。これも私が小学校に上がる前のことだが、父が海軍の仕事で家におらず、母が一人の時は姉弟交替で父のベッドで寝たりもした。

書棚には祖父の残した書籍も含めて文学全集など多くの本が並んでいた。ピアノはシュタインウエイの大きなグランドで、母がリストの「ハンガリアンラプソディー」の六番とかよく弾いていたのを覚えている。このピアノにはアンピコという名演奏家の吹き込んだ巻きテープを使った自動ピアノの機能があって、よく聴かせてもらったものであった。また当時まだ珍しい電気蓄音機があり、ＳＰレコードを何枚か差しておいて一枚が五分くらいして終ると上からストンと落ちて続きが始まるようになっていた。

二階の廊下には無数のレコードが並べてあった。父が帰って来た夜、皆でレコードを聴くのも一つの楽しみであった。ある時、ベートーヴェンの後期のカルテットだったと思う、幼児の私が一寸《ちょっと》退屈して、犬の真似をして父の所まで飛んで行ったら苦い顔をされたのを思い出す。

父はレコードをたくさん持っていたが、邦楽やジャズなどはほとんどなく、ベートーヴェンやモーツァルトをはじめクラシック中心だった。ドビュッシーも好きで、よく「牧神の午後への前奏曲」などを聴いていたが、考えてみれば、父は一九〇一年の生まれだから、この曲は父が生まれる少し前に作曲されていたことになる。

トイレは「お東場」——公家言葉について

二階に水屋という部屋があり、銅張りの大きな四角い水受けがあって蛇口から水が出て茶碗など一寸《ちょっと》洗う場所であった。一階、畳廊下をどういうわけか桐の間といったようだ。またお化粧所《しまいどこ》というのがあって、この漢字は私があてたのだが、両親が朝二階から下りてきて洗面をし、母がお化粧をする部屋をおしまいどこと呼んだ。

お台司《だいす》という部屋があるが、これは食事をのせる台を置いたところから出た名前であろう。子供たちがお茶を飲む時に時々使ったり、着物を広げたりしたように思う。

前列左より三条西公正様、三条西夫人・信子（父の妹）様、私（小学生）、母。後列左より姉二人と妹、祖母、東伏見宮妃周子様（祖母の隠居所であった常磐松の家で）

トイレは御不浄といっていたが、お東《とう》場《ば》ともいった。お東場というのは公家の通称であったようだが、語源は知らない。便所は住まいの東のほうに作ったのであろうか。私の上の姉が生まれた時、日赤から手伝いに来た看護婦で、その後侍女となり、戦後亡くなる直前までいてくれた、私の子供たちにもなじみの深い木村いち代という人が、私が風邪をひいて寝ていた時に、「今日はとてもよいお東《とう》がお出になりました」と母に報告しているのを聞いたことがある。大便をお東《とう》ともいったのであろう。

お東の話が出たついでに、公家言葉について一寸《ちょっと》紹介しようか。

父親を「おもうさま」、母親を「おたあさま」と呼ぶことについては、きいたことがあると思う人がいるかもしれない。

三条西家では父親を「おでいさま」と呼んでいた。母親を「おたたさま」という人もいる。だんだん世の中が変わって、使わなくなっていったのだろう。「おもうさま、おたあさま」を使っていた多くの家で、「パパ、ママ」や「お父さま、お母さま」が使われるようになった。私の家でも、いまでは「おもうさま、おたあさま」は使わなくなったが、それでも私の父のことを思い起こすときには「おもうさまは、こうだった」と自然に口に出てくる。

そういう言葉は他にもいろいろある。たとえば、焼いた餅のことを「おかちん」という。ちらし寿司のことは「おすもじ」だ。おかずのことは「おまわり」という。ご飯の周りにあるものだからだろうか。下げることは「おすべし」だ。お膳を下げるときも「おすべし」。主人から何かをいただくときには「おすべりをいただきます」となる。

こういう言葉は、大半消えてしまったが、たまに「ああこう言ったなあ」と思い起こすことがある。公家言葉のようなものも、もう消えてしまうから記録として残しておこうという動きが霞会館（華族会館の後身）であったから、そのうち書物が出るかもしれない。

御霊殿のお供物を失敬して

お清所《きよどこ》については一寸《ちよつと》書いた。書院は別に説明の要はあるまい。桃の節句の時など雛人形を並べて白酒を飲んだ。五月、端午の節句の時は、武者人形に鎧兜、馬などが飾られる。このように書院は、多目的に使われる場所であった。

お燗場というのは字の通りだが、正月には沢山の年始客がみえて大忙しでお燗をしたのであろう。このお燗場の外の地面に蛤《はまぐり》のからの山が出来ていたのを覚えている。御霊殿には定期的にお供物が上がるが、おはぎなど下がってくると一時的にお燗場に置かれる。時に失敬する子供がいるわけだ。お供物のお供えは家丁《かちょう》という人（二人いた）の仕事なのだが、笑って見て見ぬふりをしてくれた。それからお燗をする小鍋が置いてあるが、鶏小屋から卵をこっそり失敬してきて半熟にして食べたりしたことがあった。新しい卵、あの味は忘れられない。

まあ我ながら、あまりよい子ではなかったと思う。

おなかの関係少し続けると、敷地内にはトンネルがあり裏門に通じていて（今は埋められてしまった）、その上の高台からは恵比寿のほうが見渡せるが、裏門を出た所の角に七星社という牛乳屋があって、牛が四〜五頭モーモー鳴いていた。この角にはまた夜店が出た。

庭には栗林、梅林があって、それぞれ十本ほどだったのか季節にはよく実をつけた。皆でわいわい言って取ったものだったが、栗もゆでて食べるのが好きだった。今でも大好きだ。

柿の木も五〜六本並んでいて沢山の実がなった。これはしかし烏《からす》がついばんで落し、そのぐちゃっとした姿は嫌いで、あまり食べる気にはならなかった。この頃は好きでよく食べるが。

また、庭には庭内社があった。先ほど紹介した御霊殿がそうだが、先祖が祀られているお社である。今の住まいでは小ぶりのお宮に霊璽をまとめておまつりしてあるが、宮代町の頃は鳥居と参道のついた十畳ほどの高床式のお宮だった。多くの家では仏壇にあたるようなものだ。

少し離れたところにお稲荷さんもあった。このほうは三畳ほどだったか、鳥居と砂利道の参道がついていた。祖父と祖母は毎日、どんな用事があっても、雨が降ったら傘を差して、お米とお塩とお水を上げて二人でお参りしていたときいている。父や母は、毎日はお参りしていなかったように思うが、代わりに家の中に大きな神棚が一つあって、時々何かの時に、母にお参りしなさいといわれて、一緒にお参りした覚えはある。あれはどういう折のことだったか。我々の時代はサラリーマンの生活になったので、毎日の参拝は御免こうむってしまったが、日曜日には子供たちもお供えをして、一緒にお参りをしたものだ。今は家内と二人になったが。

我が家の正月料理

ここで我が家の正月料理のことを書いておこう。老女（侍女頭）として亡くなる直前まで仕えてくれた木村いち代から家内が聞いてメモしていたものだ。

久邇宮家新年御献立表（昭和十二年より）

・十二月三一日

一、鶫《つぐみ》吸物　青実せり　御代付《おだいつき》

一、尾長吸物　御代付

一、塩鰯　二ツ付

一、御蕎麦　御代付

一、外二品　見計《みはからい》

・元旦より三日迄

(一)　大福茶

(二)　御屠蘇

(三)　一の膳

一、御喜寿《きじ》

一、御花びら

（四）二の膳
一、蛤吸物
一、御かん酒
一、御煮物
田作り、黒豆、数の子、叩き牛蒡《ごぼう》

（五）三の膳
一、白味噌御雑煮　　御代付
頭芋、大根、昆布、焼豆腐、花鰹
一、御　膾《なます》
一、睨《にらみ》鯛
一、御土器《かわらけ》
沢庵、数の子

・一月四日
一、鴨雑煮（御鏡餅で）

一、睨鯛
一、御土器

・一月七日
一、七草粥　御代付
一、御土器
一、睨鯛

・一月十五日
一、小豆粥　御代付
一、睨鯛
一、御土器

・一月廿日
一、睨鯛
一、御土器

このうち元旦の御喜寿は雉《きじ》の肉片を入れた茶椀酒、伝統はそうなのだが、先ほど紹介したように朝彦親王が幕末維新の不遇の時に焼豆腐で代用されたのを忘れないようにしようと焼豆腐が入っていた。我々子供にはついていても手は触れられず、お匂いということであった。

また、お花びらとは丸くのばした白餅に小ぶりの赤餅を重ね、煮牛蒡《ごぼう》の小片に白味噌を巻いてはさんだもの。睨鯛《にらみだい》とは元日から一月二十日まで各自に一匹ずつ置いてあった。焼いてあったものと思う。もたせるために沢山の塩がしてあったのだろう。

このようなお祝い膳は子供の頃は、早朝に羽織袴で祝い、あと両親は皇居でのお祝いに参内したのだが、戦時中からは、朝はお福茶（小梅干と昆布の入った茶）と屠蘇に雑煮くらいで、夜は簡単なもので祝うようになった。

尚、学齢に達すると、未成年のうちは一月三日に未成年者だけで皇居と皇太后御殿にお祝いに上がる習慣だった。

お正月には凧上げや羽子板、双六、福笑いなどの遊びの他、歌留多《かるた》もしたが、いわゆる名所がるたの一種で家特有（と思う）のものがあった。

そういえば、伏見宮家では、元旦の早朝、五時頃に起きてお蕎麦を上がって、「おひのでさん、おひのでさん」というしきたりがあると聞く。昔は、我が家でもやっていたのかもしれないが、少なくとも私が物心つく頃にはもうやっていなかった。年越し蕎麦は大晦日の夕方に鰯と一緒に食べている。

お正月のことを書いたついでに、節分の時のことも書いておこう。

節分の時には、煎り豆を升に入れてお供えした後で、半紙のような紙に年齢に一つ足した数を包み、それで体を擦る。きっと「鬼は外」で、身体の悪いものを取るというおまじないなのだろう。擦った後、その豆が入った紙包みを後ろに放る。このとき、投げる人は後ろを振り向いてはいけない。すると後ろに人がいて、その人が、その豆の包みを処分するのだ。

豆を食べたことは覚えているが、少し食べてから、それを紙で包んだのか、そうではなかったかは、その後やらなくなってしまったので、いまではよく覚えていない。豆まきは、家にいた属官（宮家付の宮内省事務官）が、各部屋を回ってやっていた記憶がある。普通は「鬼は外、福は内」ととなえるのだが、逆で「福は内、鬼は外」と言ったような気がする。よく憶えていないが。

栄養にも気をつかってくれた母

まだまだ食べ物の話、時系列で次々と頭に浮かぶが、おなかがグーグーいいだした。また折にふれて書くこととしよう。

しかしそうだ、これだけはここで書いておくこととしよう。私の母は子供の教育にはそれなりに熱心だったが、栄養にも気をつかったのであろう、肉や魚に対しては、その倍の野菜を食べなければいけないとして、魚一皿なら野菜が必ず二皿ついていた。そして肉はほとんどお目にかからなかった。時々母が中心になって鶏肉のすき焼きを食べたほか、冬になると御料の鴨場から鴨が届き、鴨肉を鉄製の硯《すずり》様のものの上で焼く料理（お硯りといっていた）をしたが、これは素敵にうまいものだった。

戦後、鴨猟（湖水から水路を作り、両側に盛土をして端のところに戸板を立てて覗き穴をあけ、家鴨について鴨が入ってくると、覗いていた鷹匠の合図で網をもった十人ほどが両側に進み、一斉に網を差しかけると、驚いた鴨が舞い上がる。それを網で捕えるというもの、江戸時代将軍もやっていたようだ）に大公使を招待したところ、捕えた鴨を後ろで鷹匠が首をしめるのが可哀想とて離すこととなり、お硯りもおしまいになった。たしかに可哀想だが、といってフォアグラだとか、欧州でガーデンパーティーによくある豚に鉄棒をさして薪の上でぐるぐる廻して焼く料理だとか我々農耕民族にはいささか刺戟の強い料理もある。まあ生きて行く上で致し方ないのであろうか。

頭に浮かぶのは、台湾で何か手広くやっていた人の未亡人で「たま」（後にさみと改名）という侍女がいて、時々おいしい野菜やらの一品を料理して、食事の追加に持って来てくれたのだが、ある時、フライ鍋と肉を持って来て焼いてくれたことがあった。今に忘れられない味だったが、多分姉が話したのだろう、母がこのたまを呼んで叱り、傍《そば》に私もいたのだが、可哀想そして残念に思ったことだった。

私の母知子《ともこ》女王は伏見宮博恭《ひろやす》王の第三王女。博恭王妃経子《つねこ》は徳川慶喜の九女である。経子祖母は昭和十四年になくなられたが、可愛がっていただいた思い出は深い。母宛の巻紙に書かれた非常に達筆の手紙が残っている。

そういえば堤に狸の穴があった

さて腹もたれ気味だ、元に戻ろう。

私が幼稚園の頃までは、一の間から三の間中心の生活で、夜は二の間で姉二人と川の字になって寝た。夜は遠くで拍子木の音がするが、静かなしじま。朝、目覚めると「チンチンゴーッ」という市電の音、遠くにかすかな汽笛、二階から眺めると遠くに機帆船の白帆がみえた。当時は車がほとんどいないから静かなものだった。

上の姉（正子《まさこ》）は面倒見はよいのだが、なかなかに強くてよく喧嘩もした。下の姉（朝子）、ちい姉さんといっていたが、やさしい、そしてずっと一番か二番で通した優等生で、また絵や音楽（ヴァイオリンを弾いた）も上手。結婚後苦労して早世したのだが、この姉とは仲よく、よく遊んだ。

庭の広い芝生には蜻蛉《とんぼ》やら無数の昆虫がいて、腰を下していると周りをいっぱい飛び廻っていたが、日が暮れた頃広縁から森のほうを眺めていると梟《ふくろう》がホーッホーッと鳴く。ちい姉さんとよく並んでじーっときいていたものだ。

それから今考えると不思議なのは「こじゅけい」という鶉《うずら》の一種の鳥、ピートコイと鳴くあの鳥が家の森にすんでいたことだ。雛《ひな》を十羽ほども連れて一列で歩いていたりする。追いかけたりしたが、この鳥はうずらの如く高くは飛べないのだ。だからこの頃、遠くから来るわけではなく江戸時代から住みついていた鳥の子孫なわけだろう。

そういえば日赤（日本赤十字社）との境の堤に狸の穴があった。ロシア大使館のあるあたりは狸穴《まみあな》という地名で遠くないから不思議ではないが。今では考えられないことだが丹頂鶴（と私は思うが？）が庭を歩いていたこともあった。ビルも車もほとんどない澄んだ空気、大空に舞う鳶《とんび》、舞い下りてくる色々な鳥の群れ、懐かしい昔だ。

昭和八年、学習院幼稚園に、昭和十年、学習院初等科に

昭和八年の四月、学習院幼稚園に入った。当時の学習院幼稚園は皇族華族の子弟だけしか入れなかった。明治神宮外苑の青山通りを左折して直進すれば絵画館という所、左折して今テニスクラブのあるあたりにあった。その先、秩父宮ラグビー場のあたりに女子学習院があり、手前に隣接していた。戦争が負け戦さになってきた頃に廃園になって、戦後しばらくし

て別の形で復活した。

玄関を入ると左側に書生さんや女中さんや園児について来た人の待合室があり、廻廊になっていて年次別二年の園児が二組ずつに分れていたと思うが、それぞれの遊んだり積木をしたりの部屋、それから一画には大きな遊戯室があり、中庭には砂場やすべり台等々があったと記憶する。先生は女の先生ばかり五〜六人おられたと思う。

同年の園生は男女それぞれ十五〜六人だったろうか。もう大分前から毎年クラス会をやるようになって、大分へってしまったが男女それぞれ五〜六人ずつは集まって楽しくやっている。

さて、昭和十年四月、小学校（学習院初等科）に入るのだが、この間、子供でピンとは来なかったとしても、昭和六年九月十八日、満洲事変が起こり、七年に五・一五事件、十一年に二・二六事件。十二年七月七日の盧溝橋事件、そして日中戦争（日支事変といっていた）に突入。十六年十二月八日、米国他の連合軍と戦争を始め、昭和二十年八月十五日敗戦となるが、この十五年間、私の少年時代がすっぽりはまっているわけだ。何ということだ。

この間、日本は勝つのだと信じて疑わず、戦争がひどくなってくるまでは、少なくとも元気一杯に遊んでいた。今考えると不思議な気もするが、これも致し方ないのであろう。色々の思い出、ぼつぼつと拾ってゆこう。

千葉の三里塚の牧場で。前列左が私、右が東久邇宮俊彦王。後列左より学習院初等科の石井先生、初等科長（と思われる）、竹沢先生

初等科2年生の5月に所沢陸軍飛行場にて。真ん中が私。背景に写る飛行機は陸軍九三式重爆撃機

二・二六事件の折、兵隊さんの雪を踏む音

学習院の初等科（小学校）は四谷の駅の近くにあって相当に古い校舎。皇太子が入られるので新築するとのことで、一年だけをこの四谷旧校舎で過ごし、二年から五年までを目白の中等科、高等科に間借りして過ごした。

一年のこの古い校舎での思い出、冬の雪合戦、今より寒くて何度も雪が降ったと思う。今では想像出来ないと思うが、拙宅の大食堂の脇の池は冬凍って、よくスケートをした。家の役所の人たちなどでスケート大会をやって、パン食い競争などやったものだった。

初等科には華族以外の人が華族二人の紹介で入ってきた。華族一に対し二くらいの比率だったろうか。一クラス六十人くらい、二組に分けられた。

一年で入ってきた友達の中に犬養康彦君という人がいた。私が幼稚園に入る前の年、昭和七年の五月十五日に起きた五・一五事件で殺された犬養首相のお孫さんで、一年生の私には話にきいてもピンとは来なかったが、この康彦君は秀才で、のち共同通信の代表取締役になったが、変わることない親友である。お父様の健《たける》さんは政治家、有名な方だがお母様、お姉様も時々学校に見えたし、信濃町のお家に遊びに行ったこともあった。

それから我々の一年の国語教科書は「サイタ、サイタ、サクラガサイタ」で始まるのだ

が、ある同級生（名は秘す）があてられて、「タイタ、タイタ、タクラガタイタ」と読んだので、あっと驚いたのだった。まあ一年生には色々あるもの。先生に何か言われて漏らすなんてのもあったっけ。

理科教室をのぞいたら骸骨の模型が立っていて、逃げ帰ってその晩寝られないこともあった。

昭和十一年の二月二十六日、目白に移る前、まだ一年生の時だったが、二・二六事件が起こった。憶えはないが、学校は休みになったのだろう。その日は長靴の上のほうまで雪に沈むような大雪で、陸軍の兵隊さんが十人ほど隊伍を組んで家の護衛に来てくれた。よく覚えているのは、音だ。兵隊さんたちが長い軍靴で降り積もった雪を踏んで「ザッザッザッザッ」と行進してきた、その音が耳の奥に残っている。兵隊さんが要所要所に立って銃を突いて立哨している姿も、なんとなく憶えている。

自動車に心ときめいた

この年頃の子供は大抵、自動車が好きなのではないだろうか。もっとも今と違って車の少ない時代、日本製の車といったらトラックや戦車はあったとしても、乗用車は日産のダットサンくらいしかなかったのではないか。家にはダットサンの他にオオタ号という似た小型車があって好きだったのだが、じきに製造中止になったようだった。この他に日産だったか試作車というのがあって、ラジエターが上下に細長い、エンジンの音がいいなと思っていた車だったが、後続車はなかった。

タクシーというものが初等科二〜三年の頃かに現れたのだが、円タクと呼ばれていた。道に立っていてタクシーらしいのが来ると指を一本突き出す。これが一円のしるし。乗ってから行き先を言って料金を交渉したようだった。一度、役所の人にねだって乗ってみたことがあった。その頃現れたタクシーは一九三五年型か六年型のフォードかシボレーばかりで、あれは五年型のフォードだとかあれは六年型のシボレーだとか、幼い私は登下校時の車の中から指さしたものだ。五年型も六年型も車体は箱型で踏み台で乗るようになっていたが、ラジエターの形が五年型は四角、六年型は縦長だった。

家にはダットサンとオオタ号の他はアメリカの車、運転手との間に間仕切りのあるキャデラックがあったが、三六年型パッカードにダッジ、デソートというのを憶えている。その頃の車には運転席と助手席の背もたれの後ろに補助席がパタンと倒すようについていて、主人側を向いて坐るのが多かったようだ。前向きもあったかと思うが。私がほんの小さい時には幌付で車体の低い、赤くて四角の車。警笛がゴムのラッパで外についていて、運転手が手でゴムをしぼると「ウーウ」といった変わった音がしたのだった。

昭和天皇の御料車は溜《ため》色のメルセデス・ベンツだったが、宮内省の車は大半三五年型のパッカードだった。

二年になって目白の校舎に登下校するのは宮代町の家から女学館の角を左折、坂を下りて右折、農大（今は青山学院）の脇から青山通りに出（今と丁名が違っていて渋谷から宮益坂を上って一寸《ちょっと》行くと左に市電の車庫があり、その少し先のあたりが六丁目だった）、表参道を左折、次に右折して明治通りを行くのだが、学校につくまでに大抵、四台か五台の荷馬車か荷牛車（荷牛車とはいわぬか、さて）がいて、そこここに馬や牛の糞がころがっていた。

海軍士官だった父の思い出

目白の学習院の古い門を入ると右に門衛さんの小屋があり、その後ろに今はない木製の二階建て校舎が続いていて、一番手前に音楽教室があり、その隣に音楽部の部室があって、ティンパニーやチューバ（大きなラッパ）が置いてあった。低学年の頃の音楽の先生は小松耕輔先生、ある授業で先生がピアノを弾いて三拍子か四拍子か指揮の真似をやらせたことがあり、印象に残っている。

二階の教室からは富士山が、晴れた日ならとてもよくみえた。雪をかぶった姿などとてもきれいだった。今は消えた景色だが。

私の父は海軍士官で、私が幼稚園の頃、昭和八年から九年は少佐で軍艦木曾から八雲の砲

海軍機に乗せてもらっている幼少期の私。機体は一三式艦上攻撃機であろうか（本文中の大艇＝飛行艇ではない）

術長、初等科一年から二年の頃は軍令部員だった。よく小さな水兵帽をかぶって軍艦に連れていってもらった。横須賀の軍港には所せましと大小の軍艦が並んでいて壮観だった。一寸《ちよつと》小声になるが、艦内をみせてもらっていて食堂の脇だったのか鰈《かれい》を煮たのが置いてあって、あのうまそうな匂い、忘れられない。今でも鰈の煮付け好きだが不思議なこと。ついでに森永製菓に見学があり、チョコレートの液汁が大きな容器で煮ながらゆさぶられているのをみてからチョコレートが好きになったのも同様のことか。

昭和十二年に日支事変が始まるが、父は大本営参謀から戦艦長門の砲術長、昭和十三年十二月一日から一年弱、横浜海軍航空隊の副長を務めた。

この航空隊は大艇と呼ばれていたと思うが、大きな飛行艇の航空隊であった。変わった飛行機、一度乗せてもらった。父が私に「操縦桿を持ってみろ」というので握ってみたら飛行機がぐらりと揺れ、慌てて飛行長が立て直してくれたことを覚えている。父は元々、砲術専門であったが、途中から航空機に移ったのであった。

我が家にいた犬たち

この間、富岡という所、横浜に近い田畑の中に小高い丘が連なったような場所に家を借りて官舎にしていた。私は学校の休みはこの家で過ごしたが、田んぼを見下す眺めはなかなかのもので、父の飼っていたシェパードのユタというのと一緒によく走り廻った。田の間の細い流れには、ヤゴだとかザリガニとかメダカなど色々の水中生物がいた。

ついでに犬のこと。父は犬が好きで主としてシェパードを何匹か飼っていた。シェパードはドイツの犬だから大抵ドイツの名前がついていた。このユタというのは何かの省略だろうが原種に近かったのだそうで、狼に近いのだと父の自慢の犬だった。他にいたシェパードを皆、家来のように従え、そして我々にはとても忠実だった。時々父の部屋に坐っていたが、初めての人が入ってくると、ウーとなく。その人はふるえ上がる。でも大丈夫とわかれば静かにしている。二度目の時には何も唸らない。

当時、軍用犬協会というのがあって、父はその総裁をしていたが、このユタの他にベッティーナ（ベットと呼んでいた）というのがよい雌犬で有名だったらしく、子犬が生まれると大事にもらわれていった。

軍用犬にはシェパードの他にエアデルテリアも使われるときいたが、家には軍用犬ではないが、一時ボルゾイやセントバーナードもいた。ボルゾイはロシアで狼を駆逐するのに飼われているときいたが、芝生の上を転げ廻るように喜んで走る、とても形のよい犬。セントバーナードは大きな犬でスイスで雪に埋れた人を救い出すのだときいた。

私は小さなテリアをもらって勉強部屋の前の中庭に放し飼いにしていた。とても可愛い奴、だけど毛の中を蚤が這い廻るのには参った。

皇紀二六〇〇年のこと

富岡の生活に戻るが、官舎の隣の家がたまたま同級生、後藤新一君の別荘だった。後藤新平の孫だが、毎日のように遊んだ。彼は空気銃を持っていて小鳥を撃ったり、田んぼや小川の水中生物をつかまえたりが好きで、赤蛙をつかまえては皮をむいて食べた。うまいんだといって私にすすめるのだが、これには辟易した。思うに人間は原人の頃から必要に迫られて動物や色々の生物を殺して食べてきたわけで、全く自然のこと。闘争本能にもつながるのであろうが、いじめやいびりにしても、行きつくところ戦争にしても、よくよくコントロールせねばなるまい。

昭和十五年、父は呉軍港に所属する巡洋戦艦八雲（古い艦で海軍兵学校等の練習艦としても使われた）の艦長となった。位は大佐だった。

この時は呉の町で山手の中腹にある金谷石鹸の金谷さんの家を借りた。夏休みをこの家で過ごしたが、目の下を単線の呉線の蒸気機関車がトンネルを出てきてはボーッと汽笛をならしたのを憶えている。夜は夕凪ぎで暑くて寝苦しかった。戦艦大和の話があるが、それは海兵（海軍兵学校）生活のところで書くとしよう。

この年はまた皇国紀元二六〇〇年で、十一月十日に皇居前で盛大な奉祝行事が行われた。高松宮が天皇への奉祝の詞の終りに「臣宣仁《のぶひと》」と言われたというので、評判になったようだった。

この皇国紀元というのは陰陽道で開国にふさわしい年をきめたもので、神武天皇即位の年などいうものが正確にわかるものではないから致し方ないというわけだ。皇統譜の二代目から九代目だったかの天皇は実在ではないとの説もある。開国の年をきめてから天皇をはめ込んだのなら当然のこと、子供心に、最初の頃の天皇は随分長生きなんだなと思ったのを憶えている。

私の手をしっかり握られた一年生の皇太子殿下

この昭和十五年には学習院初等科の建てかえた校舎が出来上がり、四月から皇太子殿下が入学されるので四谷に戻った。三階建て、三階に食堂などがあった。新校舎というのはよいものだなと思った。

初等科では毎朝朝礼が行われ、初等科長先生が壇に上がって全生徒の敬礼を受けるのだった。その頃、初等科には七〜八人の皇族がいた。皇族は一番前に一列に並ぶことになっていた。

私は六年生だったから一番右、その右に一年生だったが皇太子が立たれた。皇太子は心細く感じられたのだろう、時々左手で私の右手をしっかり握られるので敬礼が出来なくて困ったものだった。そっと手をほどいたのだったか。

その頃の皇太子はとても可愛くて、今の迎賓館、当時の赤坂離宮の初等科に近い角にある小さな門を出て道を渡って来られた。

この昭和十五年十一月一日から父は木更津航空隊の司令になり、青堀という所に官舎を借りた。田園の中の静かな所で、単線の汽車で行くのだが、毎朝、鶏の高鳴きで起きたのだった。

太平洋戦争開戦とスパイ騒ぎ

昭和十六年四月からは中等科に進み、目白の校舎に戻った。今度は仮の校舎ではなくて校庭の中央部の石造の校舎、それと鍵型に理科教室があり、両方とも三階建てだった。

この二つの校舎にはさまれた校庭では野球やラグビー、陸上ホッケー等それぞれの部が放課後活動をしていた。理科教室と、さらにコの字の一辺に柔剣道の道場があった。馬術の馬場は理科教室の裏、弓道場は中等科教室の裏にあった。他の主な建物としては立派な図書館、正堂、といったところか。

その他に建物ではないが血洗いの池と鴨池という二つの池が森の中にあって、冬はスケートが出来た。血洗いの池とは高田の馬場の決闘のあと堀部安兵衛が血刀を洗ったということであった。鴨池は今は売ってしまったようだが鴨をつかまえて誰か食べたとやら。

冬には暗いうちに起きて寒稽古に行った。一年の時は剣道、二年の時は柔道をやった。

野球は盛んだったが、伝統的に高等師範付属中学との対抗試合が年に一度あって、学習院では付属戦、付属中では院戦といって応援が盛んだった。皆一団となって院歌（幾つかある）をがなったものだ。柔剣道やテニスなどにも付属戦があったのだったか。

何よりも大きな出来事は太平洋戦争の勃発である。中等科一年の十二月八日、学校でニュースをきいたのだったかと思う。何だかよくわからなかったが、えらいことになったと思ったのを思い出す。そして真珠湾の大勝利、プリンス・オブ・ウエールスとレパルスの撃沈などのニュースが続くのだが。

この頃のことを思い出していると、中等科に入って英語の会話の時間、割と早い晩春の頃だったと思うが、悪い奴が先生（英国人ウェイクフィールド先生）にスパイと言ったら先生が真っ赤な顔をして怒って教室を出て行ってしまったのを思い出す。私は悪いことをしたものだと心配になって教師の部屋を窺ったら、英語の一番偉い長沢先生と深刻な顔で対しておられたのを忘れることが出来ない。

「朝鮮とは仲良く」と何度も言われた貞明皇后

何年のことだったか、はっきりと記憶にないのだが、時代のせいだったろう、皇族の生徒だけで禅寺に三〜四日こもったことがあった。私が最年長で三人だったと思うが、先生の引率で興津《おきつ》の清見寺に行った。

坊さんのお話をきいて坐禅を何度かした。警策で背中をパシッとやられた。こういう世界もあるのか、なかなかいいもんだなと思って、それから時々家でも坐ってみたりした。

この坐禅の時にも一緒だったのだが、後に朝鮮の王世子李玖《りきゅう》さん（分断前の全体の王世子だから韓国でなく朝鮮が正しいと思う）は母上が梨本宮出身なので私の又従兄弟《またいとこ》になるのだが、私と玖さん、皇太子殿下と義宮《よしのみや》（常陸宮）殿下も御一緒に皇太后さま（貞明皇后）のお召しで御殿に上がったことがあった。

夕食をいただきながら色々のお話をうかがったのだが、朝鮮とは仲よくしなければいけないと何度も言われた。私は玖さんとは仲よくしていたし、その時は一寸《ちよつと》ピンと来なかったのだが、お話はずっと頭のどこかに残って、その後の人生で折々韓国の人と付き合う場面でも思い出したりする。こうした付き合いについては折々に書くとしよう。

青みどろのプールで五月から十月末まで泳いだ

中等科では先生に随分いたずらをしたが、今考えるとまあ無邪気なもので、その頃は同級生内でのいじめはなかったと思う。もちろん何時《いつ》でも皆が円満というわけにはゆかず、時には一寸《ちよつと》したいさかいはあったが、すぐに元に戻ったように思う。上級生には柳生さんとか何人かこわい人がいて、ビクビクしていたが。

二年と三年は寮生活をした。二年は全寮制で少年寮と呼ばれ、三年は希望者だけで青年寮と呼ばれた。三年の頃には戦争もそろそろ泥沼に入りかけてきて、だんだん食事も質が落ちてきたのだったか。

二年から水泳部に入った。学習院は初等科四年から毎夏、沼津の遊泳場に行って訓練をうける習慣だった。私は中等科二年の頃には相当うまくなっていたが、たしか戦争の関係で二年三年の時は沼津に行くことが中止され、学校内のプールで泳いだ。

学習院では九州のほうの流儀と思うが、小堀流という日本古来の泳法を学んだ。日本の泳法には「水府流」とか「観海流」とかいった流儀があって、他の中学でもこれらを採用しているところもあったと思う。「のし」や「抜手」に色々の種類があり、静泳ぎをしながら字を書いたりした。

小堀流の師範代をしていた義父は、中等科の頃に沼津で乃木さんの甲冑を着けて御前泳ぎ（大正天皇の御前）をしたと聞いた。昔、殿様の前で泳いだり、城の堀を泳ぎ渡って攻め込んだりしたのかもしれない。もっとも、プールでの水泳部の練習は競泳や水球だった。私は背泳をやっていた。この頃は学習院も経費節減というのでなかなか水をかえず、青みどろで底がみえないような中で五月から十月末まで泳いだ。十月末になるとプール脇に風呂をもち込んでつかってはプールに入ったりした。このおかげで海軍兵学校では水泳は楽だった。

父と二人で過ごした江戸崎の夏

昭和十七年三月二十日付で、父は高雄海軍航空隊司令となり、同年十月五日付で南西方面艦隊司令部付となっているが、南方戦線に出征した。戦況は必ずしも良好とはいえない頃といえようか。帰国して少将になり、昭和十八年の四月に第十九連合航空隊の司令官となった。ついで九月に練習連合航空隊司令部付を兼ね、土浦、鹿屋《かのや》他幾つかの航空隊の長と共に、霞ヶ浦航空隊で教育に当たった。

官舎は江戸崎という所、植木さんという人の家を借りた。駅から官舎に行く途中、狐や狸が出るような静かな所だった。

私は昭和十九年三月から江田島の海軍兵学校に行くのだが、八月に夏季休暇をもらって一週間かそこらだったと思うが、この江戸崎で過ごした。どうしたわけだったかその時、母は東京で、父と二人で過ごした。縁側で月の光を浴びて色々の話をして楽しかった。

その年の十月一日に父は第二十連合航空隊の司令官となり藤沢航空隊が本隊、鵠沼《くげぬま》に家を借りた。鎌倉の材木座の海岸に数分歩けばゆける所、小川の脇にある二階家だった。敗戦で帰ったのはこの家だった。

昭和十八年、自宅半焼

江戸崎の続きで先に来てしまったが、昭和十八年に戻ると、中等科二年だったその年の夏、夏休みで箱根の別荘にいた時、急の連絡で東京の家が半焼したとのこと、母と二人で飛んで帰った。

暑い夏だったが前の晩、漏電だったかわからないが、書院から玄関まで、所謂《いわゆる》表の部分が全焼、大玄関とその脇の図書室の一部が辛うじて残ったというわけだった。図書室の書籍は大部分が水をかぶって廃棄せざるを得なかった。紅葉の間、菊の間、大広間といった賓客を迎えるための外向の部屋部屋には祖父の集めた名画、襖画などあったのだが皆焼けてしまった。大玄関と図書室の間の襖画、橋本関雪の鷲が岩の脇の大木に止まった私の好きな画がすっかり濡れて唯一残ったのだった。

これはもちろん大きな痛手だった。取り敢えずバラック的な応接間等が建てられ、私の勉強室、寝室もその中に入っていた。私はその勉強室では勉強したが、寝室は一寸《ちよつと》薄気味悪くて、奥の表に一番近く焼け残った一番端の部屋、侯所で寝た。のちには二階の父母の寝室の脇の応接室で寝たように記憶する。

戦後しばらくは戦災の話がよく出た。私もきかれて半分焼けたと言うと、当然、戦災と思われているので、いや失火で焼けたのだと言うのだが、何か肩身がせまいような妙な気分だった。

夢に出てきた佐倉宗五郎と同級生

この侯所で寝ていたある晩のこと、庭に五〜六米《メートル》ほどの高さの土盛りがあって、大きな椎の木が植わっているのだが、この塚の斜面に大人の頭の白骨二つと子供の白骨一つが並んでいる夢を見た。恐くて目覚め、朝までまんじりともしなかった。母に話したらびっくりして、もしかしたら佐倉宗五郎かもしれないという。この場所は佐倉の領主堀田家の下屋敷だったのだから、まんざら荒唐無稽な話ではないかもしれない。この塚は侯所の近くにあって、堀田家のときは馬場があったらしいともきいた。時々家丁がお供えをしていた。何かそうした理由があったのかもしれない。私は恐くなって二階に寝所を移したのだったかと思う。

馬鹿げていると思う人がいるかもしれない。しかし、何も知らない私が突然夢にみたのは現実のことなのだ。佐倉宗五郎一家は佐倉の地で磔《はりつけ》になったと読んだように思うから、佐倉宗五郎とは別人なのだろう。堀田家の下屋敷であったのは相当長いことであろうから、まあ、あっても不思議ではないかもしれない。佐倉藩主堀田家の兄弟は私の上下の級にいたが、二級下の正治君にこの話をしたら、びっくりして知らないと言っていた。

こうした夢に誰か出てくるとか、お告げとか、……の予言、テレパシーなど、所謂《いわゆる》四次元の話はよくわからないし、私は信じるほうではなかったが、こうした現実に夢にみてとなると関心を持たざるを得ない。

もう一つ私自身の経験では、三年の終りに準備教育のため海兵に行って一年近くたったある晩、とても親しくしていた渡辺和綱君が夢に出て、「さようなら」と言うではないか。東京を発《た》つ直前、学校の校庭で、どういうことだったか覚えないが、向こうから飛んで来て、「元気で行ってらっしゃい」と言ったのだったが、あの元気な彼がどうしたのかと思い、その時は訳もわからず、それきりになったが、休暇で帰った時だったたか、彼が結核で死んだときいた。

羅生門鬼退治の渡辺綱の子孫だといっていた彼、私の六十人の初等科からの同級生で最初に亡くなったのが彼だった。とても残念だ。この頃は肺結核が盛んで私の同級生も戦後しばらくにかけて数人この世を去った。

このあたりで中等科の生活を終え、海軍生活へと歩を進めることとしよう。

第二章

戦争と皇族——私の海軍生活

皇族の男子は軍人にならねばならなかった

最初に述べたように明治になってから法親王を還俗させたりして皇族家をふやしたわけだが、これらの皇族に政治へ口出しをされては困るというわけで、男子は原則として陸軍か海軍どちらかの軍人にならねばならぬとされた。無難と思われたのであろう。

これは規則を制定してというのではなく、何となくそれがよろしかろうとなったのであろう。別に調べたわけではないが。

ここで原則としてと書いたが、長男は義務とされ、軍人になることを拒否すれば廃嫡になるときいていた。

実際には拒否した長男はいなかったので本当に拒否したらどうなったのかわからないが、次男以下では私の知る限り二人実在する〈山階宮の第二男子山階侯爵は鳥類学者に、また私の叔父・東伏見慈洽《じごう》氏〈第三男子〉は東伏見宮の祭祀を継いで東伏見伯爵となり、京都大学史学部講師から僧職に、青蓮院門跡となる〈文学博士〉〉。

昭和17年、建国十周年祝賀のために満洲国を訪問され、
新京駅で皇帝溥儀と握手をされる高松宮宣仁親王
（朝日新聞社／時事通信フォト）

戦争反対に努力された皇族たち

皇族が政治に口出しするのを防ぐために軍人にしたとのことであるが、実際には、殊《こと》に陸軍が政治に容喙《ようかい》して、満洲事変後、日本を一時滅亡の瀬戸際まで持って行ったことを思えば、一寸何《ちよつと》ともいえぬ考えだと言わざるを得ない。つまり皇族が軍人になろうが、政治に口出ししようと思えば出来たわけで、寧《むし》ろ軍人となった皇族が影響力を発揮して軍の暴走を押し止め、昭和天皇に協力して歴史を平和共存の方向に向ける努力をしたらどんなによかったことか。戦争反対で努力した方もおられた（高松宮など――私の父も戦争の前途には悲観的だったようだが）としても、あの情勢では力及ばずであったか。

たとえば高松宮は、昭和九年一月十七日、海軍の末次信正中将の時局論が海外で物議の種になったことを受けて、日記に次のような言葉を記しておられる。

〈私は戦争を、どうしても、日本のためにも、道徳の上からも進んでやるべしとは思へない。死力をつくしてもさくべきであると信んずる。軍備は軍備であつて、いやしくも勝算明白ならざる戦争をするためのものとは考へない。（中略）金力を競争をするのが、海軍の目的ではない。人心をあやまれ《ママ》せるのが海軍の目的ではない。海軍部内の統制を目的として、

日本の国に開戦を副産物とするがごときことあつてはなんとする。反省すべき時である〉

また、同昭和十九年九月十六日には、高木惣吉海軍少将に次のように話したとある。

〈一〇三〇高木前教育局長来談（石川信吾少将ガ私ガ和平ノ考ヘヲ話スノデ及川総長辺リガソレニワヅラハサレテキル、今ハ一億玉砕デ専一ニモツテユクベキナリトノ話。私ハソンナ玉砕ナンテ出来ヌコトヲ云ツテモ駄目ナリ、七生報国ノ生キテ護国ノ任ヲハタス心ガ国民ニナクテハナラヌ。死ヌナンテ生ヤサシイ時ハスデニ通リスギテル。悠久ナ日本ヲ守ルタメニ、和平モ考ヘテヨイ、考ヘネバナラヌ、ソシテ決戦ノ連続ヲヤルベキナリ、話ス）〉

祖父・邦彦王が存命であったなら……

歴史のイフは意味ないかもしれないが、私の祖父・邦彦《くによし》王は、昭和四年に五十六歳で早世（当時としては早世とは言えまいか）、元帥陸軍大将であった。この邦彦王は日露戦争従軍や、米国欧州の長期視察等を通じ世界情勢について精察するところあり、大変な読書家で、大きな図書室には洋書を含めてそれこそ万巻の書物が並び（中には落語全集などいうのもあって、幼い私の愛読書だった）、広い交際を通じて見聞を広めた、私の尊敬、愛着を持つ祖父であるが、その常識ある情勢判断から、この方が生きておられたら陸軍を抑えることが出来たのではないか、という話を数人の元陸軍軍人の方からきいたことがある。

邦彦王は出発予定時刻の五分前には必ず玄関に置いた椅子に掛けて読書していたとか、正しいと思うことは率直に発言したとか、公私の別に厳しく、軍隊で自分私有の猟銃を銃器庫で修理した士官を直ちに首にした反面、従卒などを慈しんだとか聞く。家に古く勤めていた人たちが異口同音にすばらしい方だったと思い出話をしてくれたが、箱根にあった別荘に夏休み滞在しているとき、毎朝荷馬車で氷を届けに来る氷屋のおじさんも、自分は師団長閣下の従兵をしていたことがあり、やさしい方だった、決して無理を言わない、可愛がっていただいたと繰り返し話してくれた。

また、関東大震災のとき、逃げまどう人々を「入れてやれ、入れてやれ」と言って庭園に入れさせ、難を逃れさせた、という話をきいた。

邦彦王は美術に造詣が深く、欧州滞在中も美術館を巡り、また、まだ名の出ない印象派の若手画家の画を買ったりしたが、美術院総裁として美術振興に努力し、若き日の横山大観、川合玉堂、富岡鉄斎等々の画家とも交わり、これらの人はよく家に来て描いていたという。静かで描くのによかったのだろうか。

また、明治初期の排仏毀釈によって危地に陥った法隆寺が、多くの仏像を皇室に献上していただいた御下賜金で息をついているのを見て、聖徳太子奉讃会を作り、政財界、学界等の

私の祖父・久邇宮邦彦王。欧州視察中にスペイン・トレドの士官学校で

人たちの助力を得て援助したり、仏教学徒に奨学金を出したり、仏教学その他の講座を開いたりした。法隆寺は安定し、戦後はお詣りの人もふえて興隆している。奉讃会はその役目を終えたが、法隆寺の益々の御隆昌を祈念している。

　この二つは邦彦王の大きな功績と考える。

箱根の別荘の硫黄泉

　余談だが、別荘のあった箱根の道は、当時は土道で、別荘の近くの道はゴツゴツした石道。ベランダから向かいの大文字焼の山、明星ケ岳を眺めていると、下のほうからガッタンゴトンという音が聞こえてきて荷馬車がみえてくる。前述した氷屋のおじさんの馬車なのだが、山の中の氷室に冬から貯蔵されていた大きな四角い氷を鋸で切ってくれる。もちろん電気冷蔵庫などありはしない。

　この頃の箱根は自動車など滅多に通らない。動植物も豊富で、今はいない仏法僧もいた。これは木の葉菟《づく》という木菟《みみづく》の一種で、ブッポー、ブッポー、ブッポソと鳴く。これは聴いた人でないと実感がわかないと思うが、実に微妙な、ブッポー、ブッポーときてブッポソのソが一寸《ちょっと》上がる一度きいたら忘れられないような鳴き声だった。巣から落ちた子づくを拾って育てたことがあった。育てて森に返したが眼のグリグリした可愛い奴だった。

箱根の別荘にて祖母との一枚

川では山女《やまめ》や鮠《はや》はよく釣れたし、石をのけると山椒魚《さんしょううお》が出てきた。今は郭公《カッコウ》の声もきかなくなってしまった。この一寸《ちょっと》後、終戦近くなると薪《まき》焚のバスがゼイゼイいいながら、ゆっくり登って行く、その音が谷間に届く。そんなことを次々思い出す懐かしい昔だ。

この別荘は大涌谷の下、鬱蒼《うっそう》とした森の中にあって、冠峰楼と万岳楼という旅館が上下にあった。鳥の声に満ちていた。この万岳楼は今は観光客が多く泊る宿だが、昔の建てかえる前は布団をかついだお百姓さんが農閑期に湯治のために滞在するような、たしか、かや葺だった。当時、大涌谷からひいた硫黄泉も豊富で別荘や旅館も少なかったから、我が家の別荘にも各寝室に温泉風呂があった。今思えばぜいたくな話だが大いにエンジョイした。硫黄泉は今でも大好きだ。

宮中某重大事件のこと

大正九年、邦彦王の第一王女（私の父の妹だから、私からは叔母にあたる）である香淳皇后の御成婚の時、母方の島津家に色盲の遺伝があるので辞退すべきだとの論議が主として宮内省高官や長州閥政治家の中に起こり、所謂《いわゆる》宮中某重大事件とやらいわれており、私は調べたこともなく、またその気もないが、実際どういうことだったのだろう。

宮内省高官の記録が相当にあり、その中に貞明皇后も批判的だったとの記述もあるようで、邦彦王が貞明皇后に書状を差し出したのが怪しからぬとあるようだが、皇族が自分の考えを皇后に差し出すのが怪しからぬことだろうか。

私も今上陛下がお若い皇太子の時、昭和三十年代に駐在したロンドンからお手紙したことがあり、時候の挨拶と現地の様子など書いたのだが、皇族が皇后に手紙を書くのはおかしなことではないと思う。

宮内省高官あたりが気にするのは常であろうし、内容が問題というかもしれない。しかし、何を書いてもよいではないか。明治以降、政治に口出しさせぬために皇族は軍人にしたというのと通ずるように思うが、要は、天皇以下皇族全体が物事を処するに当たって常識をもって正しい判断をすることが大切ということであろう。それを、わざわざ禁じる、とするのであれば、その理由は何であろうか。

祖父が御辞退しなかったということはそれなりの考えがあったわけで、こちら側には記録がほとんどなくて、どう考えるか難しいのだが、トータルを厳正に公平に判断するよりないのであろう。実際、今上陛下以下に色盲は出ていないと了解している。

邦彦王は有能なので、社会や組織、また国の権力機構の裏にある深い問題点を洞察する力を持っていた。そして場合によっては、それに対処するために動き得る胆力を持っていた。これを故意に無視して貶《おとし》め、まことしやかに批判する人々が当時から今に続き、いまだに書物として現れるのには驚かされる。

この批判の中に伏見宮貞愛《さだなる》親王の禎子《さちこ》女王が大正天皇とおきまりであったのを胸が悪いとかの理由で（裏に何があったかわからないが）辞退させられたのにという記述があるが、この方は山内侯爵家に御降嫁になり、私もお目にかかったが、その御長子とは同じロータリークラブなどで親しくさせていただいた。また、その跡取息子さんとはやはり同じロータリークラブで毎週のように会うが壮健そのものの方である。どうして禎子女王がだめだったのか不思議に思う。

翻って、邦彦王が辞退の要求（圧力）に従わなかったからといって第三者がバッシングしなくてはならないほど、それほど誰かの考えで（あるいは誰かの権力で）「辞退させる」ことは、道徳性をもった麗しいことなのか？

むしろ、何ひとつ正当な理由なく引きずり下されることを、尊厳を破壊されることを、人の道として拒んだだけの人物を第三者がここまであの手この手で批判し、貶めてみせる背景には、いったいどんな心理が、利害が隠れているのだろうと首をかしげざるを得ない。楽しいのだろうか？

実際には、貞明皇后と香淳皇后とは大変お仲がよかったようである。お二人きりで葉山御用邸で過ごされた時の香淳皇后のお日記が家にあるが、その文面からもそれを伺うことが出来る。貞明皇后は英明でいらっしゃっただけになかなか厳しい方だったようだが、香淳皇后は貞明さまの御教示を受けて、あの難しい昭和の時代をよく内助の功を尽くされたと思う。

私の父・朝融王への批判と真実

続いてしまうが、私の父、朝融《あさあきら》王についても批判的に書かれたものがあるので一寸《ちょっと》私見を聞いてほしい。祖父のことと父のことは、事柄の性質、背景の重大性が全く違い、次元が異なるので、同列に扱うのは少しどうかなとも思わぬでもないのだが、話の流れできいてほしい。

父は女性関係がだらしなかったということらしい。

実際のところ、私は父に問いただしたわけではないからよく知らないが、父は無類に人がよくて、美青年であってもてたのであろうが、もてたとなると嬉しくてすぐ人にしゃべってしまうことがよくあったようだ。普通の人は、こうしたことがあっても黙っているのではないだろうか。しゃべるものだから評判になるということはあったのではないか。とにかく父は私にとって憎めない人だった。

また、酒井伯爵のお嬢さんを好きになって婚約までしたのを断ったということが批判されているが、私が父から聞いたところでは時の事務官が「これこれこういうことをきいたので、ぜひおやめにならなければいけません」といって引かないので、逡巡したのだが、やめたのだということであった。

のち、このお嬢さんが前田侯爵に嫁がれ、その息子さん（次男の利弘君）は私の幼稚園からの親しい友達である。事務官がなぜ「やめなければいけない」と強く主張したのか、その理由など、とても考えられないことだ。

利弘君はお母様が亡くなられて整理をしたら、父からのラブレターの束がみつかったと私に笑って話してくれたが、最後まで昔を懐かしく思っておられたのだなと申し訳なく、また、ほっとする思いがしたのであった。父ももっとよく調べたらよかったのにと思うが（当時のこと、事務方の頭が破談を強く主張しているのに、探偵とか弁護士とか外注することが出来た

太平洋戦争開戦前後の時期、宮代町の家の前で家族との記念写真。祖母、両親、私の姉妹、そして父の妹の三条西信子様（左から二人目）も一緒に

のか否か?)、何か裏にたくらみがあったのかなかったのか。今さら穿鑿《せんさく》しても始まらないであろう。

私の両親は仲よしだった。

結婚前には父と母でよくテニスをしていた、とも聞いたことがある。八人の子供を次々に作って、父が任地から帰ってくると、今、聖心女子大学になって久邇ハウスと呼ばれている建物の二階で、両親と子供たち皆でレコードを聴いたりしゃべったり、楽しい時を過ごしたものだ。前にも書いたように父はたくさんのレコードを持っていて、しょっちゅう鳴らしており、夕食後には皆がそこに集まって団欒《だんらん》することが多かった。

母は九人目の子供をおなかにして病

気で早世したが、その晩母が夢に出て、「お世話になりました。御機嫌よう」と泣いていたと父が話してくれた。その時の父の何ともいえぬ顔、眼の底に焼きついている。

父も批判されるところもあったかもしれない。しかし子供に優しかった父、また出征を含めて解体まで海軍はきちんと勤め上げた。それを不良……ときめつけるのは如何《いかが》なものか。聖人君子（世の中にそういるものではない）が言うのならともかく。

要するに、人は他人の悪口を言うのは好き、偏向した意図で、都合のよい文献の都合のよい箇所を集め、長大な参考文献リストなどをのせれば、一見もっともらしくみえる。だが、他人を評価する、よく言うのには二の足をふむ傾向があるとすると、気をつけるべきように思われる。

父に乗せてもらった連合艦隊旗艦・長門

大分前置が長くなったがそれはそれ、私の海軍との結びつきから思い返してみよう。

私の父は海軍（終戦時中将）、祖父（邦彦王）は陸軍であったが、陸軍のほうが海軍より大分総人数が多く、皇族でも陸軍のほうが元々遥かに多かった。だが、海軍の皇族が跡継ぎがいない等の理由で減ってきたので、私は小さい頃から海軍に行くようにすすめられていた。

私としても小さい頃から水兵帽をかぶって父の勤務地横須賀で軍艦にのせてもらったり、

一度は横須賀から館山まで戦艦長門の訓練航海に便乗し、「甲板でじっとしていなさい」と言われて大きな航跡を眺めたり、鷗《カモメ》の群に気をとられたり、楽しい思い出だ。父は長門の砲術長だったが、あの四一センチの大きな主砲を父がどうやって動かすのかと不思議だった。この航海が連合艦隊の旗艦としての艦隊訓練航海だったのか、横須賀／館山はその一部だったのか、幼かった私の記憶にはないが。

太平洋戦争で戦死した音羽侯爵（朝香宮鳩彦《やすひこ》王の次男で父の従兄弟、当時は少尉か中尉か？）が乗組で色々教えていただいた。音羽正彦さんは元気で明るく茶目っ気があって心優しい方だったらしいが、昭和十九年二月五日、マーシャル群島クエゼリン島玉砕のとき、守備隊隊長次席、海軍大尉で戦死された。本当に惜しい方だった。

また、音羽侯爵と同期六十二期、私の母方の叔父（伏見宮博恭《ひろやす》王第四男子）伏見博英伯爵は昭和十八年八月二十一日、セレベス島上空で偵察飛行中撃墜され戦死した。身体の大きな叔父さん、膝の上に抱いて話をしてくれた思い出がある。二人のお嬢さんとは時にお会いする。

尚、父はこの頃、鉄砲屋（砲術）から航空のほうに移って、木更津航空隊、横浜航空隊の後、土浦航空隊司令、霞ヶ浦航空隊で教育に携わった。太平洋戦争にも出征した。

戦艦長門の主砲の横で父と。父が長門の砲術長であった
昭和12年～13年の写真であろう

学習院の寮は古くてつっかえ棒がしてあった

そうしたわけで、私は海軍に行くことは当然と思っていた。学習院中等科二年は少年寮、三年は青年寮という乃木院長の頃から続く寮があって、そこで暮し、週末だけ自宅に帰る生活だったが、昭和十七年、二年生の時、部屋で自習机に向かっていたら、窓の外を見なれない飛行機が飛んで行って、米軍ドゥリットルの爆撃（昭和十七年四月十八日）だとのことだった。

この寮は古くは六寮《りくりょう》といって六つあり、皇族の別寮というのもあって全員が入る全寮制だったが、私の頃には二寮（少年寮）と三寮（青年寮）だけが残り、古くてつっかえ棒がしてあった。少年寮は全員、青年寮は希望者だけが入った。私は両方に入った。

学習院にはお榊壇というのがあって小公園のようになっていたが、そこに乃木大将が日露戦争勝利で敵将ステッセルと会見したときもらったという老白馬（その仔馬だったのかもしれない）が小屋に入っていた。乃木大将が敵将をいたわったというのは有名な話だった。

戦況が思わしくなくなってきたからであろう、海軍省からなるべく早く江田島にある海軍兵学校に行ってほしいと言われ、先輩皇族たちより一年ほど早く、中等科三年の終りから江田島に準備教育のために行くことになった。

準備教育とノブレス・オブリージュ

準備教育というのは皇族だけに行われた教育で、一般の同期生より半年ほど早く江田島に行き（通常中学四年卒から）、一人だけで普通学、訓育を行うもので、皇族を入校後、優秀な同期生の中にあって、人格、学業、体力いずれの面においても十分これに伍してやっていける、さらには模範となるようにあらかじめ教育することを目的としたものだったと思う。期友についてゆけない人は前もって教育しておく必要があったと思われるが、この点、私には準備教育は大変有意義だったと教官方には感謝する一方、むしろ十五歳の少年には友達が大切だという意味でマイナスであった面も無視できないように思う。

さらに想像するに、日本の海軍は英国貴族の伝統とされるノブレス・オブリージュという思想に影響されるところがあったのではないか。これは貴族は真っ先に進めという当然の考え方で、海軍では皇族出身（前出の音羽侯爵と私の母方の叔父、伏見伯爵）を含めたいわゆる貴族が相当数戦死している。皇族の準備教育を重視した理由の一つであったかもしれない。いずれにせよ、私は真っ先に死ぬつもりだった。

海軍兵学校第七十六期生は昭和十九年十月、第七十七期生は昭和二十年四月入校が予定されており、私が年齢より若干早い七十六期生に入ることを海軍省は考えたようである。

私は学習院中等科三年の教課を終るが早いか（あるいは切り上げてか）昭和十九年二月七日、江田島着で準備教育に取り掛った。東京駅は二月六日発、静岡までは電気機関車、あとは蒸気機関車だったと思う。寝台で一夜を明かし広島着、何時間かかったのか、今の人は想像出来まい。

水兵さんの漕ぐカッターで江田島へ

宇品港まで車で行き、そこから何と水兵さんの漕ぐカッターで江田島海軍兵学校表桟橋に向かった。さて二時間ほどもかかったのであったか。こうした場合の海軍の習慣だったのだろうか。丁重な迎え、静かな瀬戸内の海を、島々をゆっくり眺め、これからの生活に思いを馳せるのであった。

同行者は御付武官（後に井上成美《しげよし》校長の意向で指導武官と呼称変更、皇族には必ずついた）、父と同期四十九期の永橋為茂大佐と久邇宮家別当（当時皇族の宮付役職の最高位、次が事務官）の予備役海軍中将、宇川済氏であった。

津久茂の湾口から江田内に入り、右に能美島の真道山《しんどうやま》、左に江田島の古鷹山（この二つの島は飛渡瀬《ひとのせ》でつながっている）、そして「取舵（とおーりかあーじ）、ヨーソロ（左折、その方向でよろし。尚、右折は面舵〈おもーかーじ〉）」で表桟橋へ（表桟橋は皇族の着校離校、校長の就

江田島に向かう前に、お世話になった学習院の先生方に参加いただいた壮行会で。
前列左から、長沢先生（中等科・英語）、関根先生（初等科）、山梨勝之進院長、母、父、私、中等科長（？）、川本為二郎先生（初等科長）、宇川済別当。
中列左から、富永さん（母の御用取扱）、幼稚園の先生（四人）、岩田先生（中等科・国語）、村松先生（中等科・国史）、？。
後列左から、榊田事務官、猿木先生（中等科・数学、小堀流家元）、石井恵先生（初等科・副主管）、配属将校、竹沢先生（初等科・主管）、土山中佐（父の御附武官）、渡辺先生（中等科・国語）［※記憶に基づいて記しました。記憶違い、記憶漏れなどご容赦下さい］

任離任、生徒の卒業後の出発時等に使われた思い出の桟橋)。

上陸後、直ちに井上成美校長に着校報告、それから先輩皇族方も準備教育の時に暮した甲三号官舎へ。この官舎は戦後、英豪軍司令官の官舎になったが失火で焼け、今は建てかえて海上自衛隊幹部候補生学校校長官舎となっている。

官舎では呉の高等小学校の優等生だった高橋芳樹君という給仕がついて、半年予定の準備教育が始まった。戦後も広島に行くたびに会うのを楽しみにしていたが、残念ながら癌で亡くなってしまった。

井上成美校長の訓話

朝は生徒館のほうから聞こえてくる起床ラッパ(ソドドドミドーソドドミドーーミミミミソミソミドミソソドーー、起きろよ起きろー皆起きろーー起きないと隊長さんに叱られるーーといったが)と共に夏は五時半、冬は六時に起き、直ちに庭で体操教員藤田兵曹(教員とは下士官で体操とか水泳とか専門に教える人)と体操、朝食、午前中は教室に出向いて課業(物理・化学・数学が一番多く、歴史・国語〈含作歌〉・修身・英語は英英辞典を使って週二時間だったか)、午后は柔剣道・体操・馬術・射撃・教練・夏は水泳などの訓育、夕方帰って夕食のあとは自習、という日課だった。

この課業の第一日目の第一時間は井上校長（井上成美中将）の訓話であった。井上校長（海軍では校長と呼びすて、陸軍では閣下がつく）については後に再述するが、この訓話の要旨は、大体以下のようなものであった。

一、将来将校となるが、将校たるもの、部下の統率が立派に出来ねばならず、それには将校たるの気品、人格がなければならぬ。そしてその地位身分に対する責任があるが、十分の実力がなければその責任を果すことは出来ない。

一、皇族の将校としてはさらにその上に重い責任があり、より一層の実力がなければならぬ。

「人の上に立つことは極めて難しく、上になればなるほど我儘を抑えねばならぬ」のみか、進んでは「自ら苦痛を耐え忍んで下々の者の立場に思いを致し、下々の者が苦境に立たないようにする」の要ありということである。

海軍兵学校の井上成美校長。井上校長は明治22年（1889）生まれで海兵37期。三国同盟締結阻止や早期講和などに全力を尽くされたことでも名高い

一、実例として伏見宮博恭《ひろやす》王（私の

母方の祖父、当時は海軍大将軍令部総長）が第二艦隊司令長官の時、土佐沖入港、土地の名家が殿下のお成りを予定し、浴槽を新調して、お待ちしていた。生憎《あいにく》相当の荒天だったが無理して上陸、浴場に案内された。そしたら湯が手も入れられぬほど熱く、水栓も水槽もなく人の気配もなかった。人を呼べば落度になるし、入浴したようにみせるため湯をまいて、しばらくしてから出られた。この例の他に、昔の大名はしつけとして、もし御膳の食物の中に蠅が入っていたら家来に気づかれぬようにこれを黙って食べる他なしというのがあったという。

一、右は皇族としての修養のほんの一方面だけの話である。平民的ということをもてはやす向があるが、平民的ということは強《あな》ち悪いことではないが、その使い分けが難しく、意味を取り違えると、やることが「皇族らしからぬ」こととなる。平民的ならんがためには格別の修業はいらないが、「皇族らしき」修養のほうは非常に困難である。一生を通じての修養反省が必要である。今後の本校の教育は相当峻嶮《しゅんけん》な山道であるが、これを征服しない者は一人も海軍将校たることは出来ない。殿下はその上に一般生徒よりも一段と高いところを目標として進むことが必要なので、一般生徒以上の修業を要し、充分な覚悟と決心をもって学業訓練に従事するよう特に申し上げます。

優しかった祖父・海軍大将伏見宮博恭王

伏見宮博恭王は、明治八年（一八七五年）の生まれだが、海軍兵学校、ドイツ海軍大学校と学び、日露戦争にも従軍して実戦に参加。さらに様々な艦の艦長も務めるなど海軍に精通しており、その経験から、海軍大将軍令部総長を務めていたのであった。自身の経験も豊富であったから、いわゆる「よきに計らえ」というような仕事ぶりではなく、責任をもってその任を務めていたのであろう。

戦前、海軍でも「艦隊派」「條約派」などと言われて、軍縮條約を守って平和を保とうという派（條約派）とその反対（艦隊派）と二派があったが、伏見宮は東郷元帥などと共に英米に対抗して建艦したりすることを主張する艦隊派として、井上校長あたりは鋭く批判しておられる。ただし伏見宮博恭王は、私たちには非常に優しい人であった。

今にして思えば当然、條約派の考えで行かねばならなかったのは明らかだが、しかしやはり、いざとなったら戦って国を守らなければいけないのが軍人である。東郷平八郎元帥が艦隊派に与したのも、日露戦争で軍艦が一隻沈むごとに胃が痛むような思いをしてきた経験があってのことであろう。博恭王も、その時代を生きてこられた方でもあるから、あながち単純にけしからんともいえないし、わからなくはない部分もある。この点、なかなか難しいとところだ。

「殿下、元気を出されます」

さて、課業も訓育もすべて一対一、全く気の抜けない毎日だったが、英語は井上校長が特に力を入れられた科目の一つで、英英辞典を使い授業中は日本語なしの一切英語で通したのであった。

私は柔剣道ともに得意だったが、こちらは私一人に対して教官一人、教員二人が入れ代わり立ち代わり相手になって、一寸《ちょっと》でも動きが鈍ると「殿下、元気を出されます」と言われる。この三人称の言い方、面白いではないか。本当にエクゾースト（疲労困憊）したが、何くそというのでやった。でも中学時代水泳部で、大変得意だった水泳の時は割と楽だった。飛び込みも好きだったが、平泳ぎで泳いでいて私に追いつけず、教官教員ともクロールにかえてふうふういっているのに内心ほくそ笑んだこともあった。

私はいきなり六メートルの仮設踏み台から飛び込まされ、水泳競技の飛び込みのように一応きれいに飛び込んだのだが、起き上がりが早すぎて、腰骨がぎくっとなり、その晩、高熱が出、翌日は夏期休暇で上京することになっていたため、何とか熱を下げようと毛布をかけて大汗をかき、何とか朝までに熱が下がり、井上成美校長に「休暇で行って参ります」と挨拶して上京したのだった。十五歳の少年だったから出来たことだったろうか、軍医大尉の黒田さんが懸命に治療して下さった。

本校の飛び込み訓練は、表桟橋に繫留された軍艦千代田の甲板、これが十メートルあるが、さらに二メートルの特設台も上級者用に設置されており、「飛び込め」で否応なしに飛び込まされる。初心者は無様な形で落ちてお腹が真っ赤になったりする。

射撃訓練は回数は多くなかったが、一通り機関銃、小銃、ピストルを撃たされた。機関銃と小銃は普通、特にうまいとも下手とも言われなかったが、ピストルは不思議とうまく撃て、距離は相当あったと思うが、的の中心付近に大抵当たって、これなら賞状がもらえると言われた。

土曜日の午后は、大抵馬術練習だった。戦争中のその頃は行う余裕はなかったように思うが、昔から海軍の将官たちは観兵式の時などに乗馬で天皇陛下に供奉《ぐぶ》することがあり、また、陸戦隊に必要だったのだろうか、広島の陸軍騎兵連隊に行って乗馬する訓練が生徒に課されたようである。私にはこの騎兵連隊長の乗り古した老馬があてがわれ、小さな馬場での乗馬、時には江田島内の遠乗りが行われた。この老馬は可愛い奴で、私を見ると嬉しそうな顔付目付をしたように思っているが、たとえば教官が「巻乗うり」と号令した時、私が小さい声で「巻乗り」と言うと何もしなくても（通常は手綱と鐙《あぶみ》を使うのだが）きれいに廻る。障害、中障害程度だが一寸《ちよつと》操作すればきれいに飛んだ。

しかしある時、練兵場で乗っていた時、表桟橋近くにある大砲が訓練であろうか、もちろん空砲だが突然発砲された。その大音声でこの馬は一瞬、横っ飛びに飛んで走り出したのでたまらず落馬、私はちゃんと柔道の受け身をとったんだといばったことだったが何ともなかった。馬は素っ飛んで馬屋に帰ってしまった。落馬は後にも先にもこの一度だけである。

教練の訓練もあった。ある時、号令演習として（生徒になると朝、練兵場で思い思いに号令をガナル）あの大砲に負けないようにガナリなさいと言われ頑張ったものだった。馬が素っ飛ぶ大砲にかなうものではない。

この教官は六十五期小倉大尉、元気のよい俊敏な教官だったが、その後、駆逐艦霜月の砲術長として戦死された。

ほのかな胸の騒ぎの第一号

甲三号官舎から坂を下りて行くと将校集会所があった。赤煉瓦の英国風の建物で、士官たちがお茶を飲んだり軽食を食べたり、また、卓球台や玉突き台があり、庭にはテニスコートがあった。

日曜日になると、井上校長のあとの小松校長（井上校長と同期三十七期生、中将侯爵）はテニスがお好きで、時に岩国航空隊の山岸主計長（元デイビスカップ選手）が来てテニスを楽しんでおられ、私も教えていただいた。あと皆でお茶を飲み、ブリッジ（トランプのゲーム）をしたりした。

ある時、お茶を飲もうとなった時、可愛らしい給仕の女の子がお盆に冷やし紅茶をのせて入って来た。そして私の顔をみた途端、くるっと踵《くびす》を返して出て行ってしまった。はてと思っていると間を置いてまた入って来た。どうしたのかわからずお茶を飲んだのだが、武官によると、私の顔をみてはっと何かを感じて外に出てしまったのだと。

私は生まれて初めてだと思うが、可愛い人だなと思ったもののそれきりだったが、終戦後二〜三年して武官がまだ住んでおられたので江田島を訪ねたとき、呉からフェリーで小用という船着場に上がり、旧海兵本校に向かって坂を登っていた時、左の崖の上の塀の向こうにその女性が赤ん坊を抱いてこっちをみているではないか。はっとして見返すとつっと消えてしまった。

その頃は「男女七歳にして席を同じうせず」といった時代の名残りで、若い女性というと従姉妹くらいしか付き合いのない時だから、ほのかな胸の騒ぎの第一号として思い出深いものがある。私と大差ない年齢だろうから今頃は孫に囲まれて楽しく暮しているのかなと思う。

江田島での弦楽四重奏

私は小さい頃から音楽が好きで、庭の竹を切って笛を作って吹いたり、ハモニカを吹いたり、中学からは父母にねだってチェロを買ってもらい、宮内省楽部の多《おおの》さんに師事した。父はレコードの大のコレクターで、野村あらえびすさん（レコード集めで有名、作家）と時々レコードの自慢話など戦わせていた。チェロを少し弾き、母はピアノをかなりやった。

宮内省楽部の楽人は雅楽と洋楽の両方をやることになっており、この多さんは当時、日本有数のチェリストで、やはり楽部の芝さん他のヴァイオリン、「出船」の作曲者で海軍軍楽隊長の杉山長谷男さんのヴィオラで日本初めてのカルテット（弦楽四重奏団）を組織してハイドン・カルテットという名前で活動されていた。私は音楽学校に行きたいなど内心思ったりもしたが、そうはゆかず、この甲三号官舎にこっそりチェロを持ち込んでいた。そして週末の余暇に窓をしめて弾いて楽しんでいた。

ある時、私の学習院の先輩の林友春文官教官がヴァイオリンを持ち込んでおられると聞き、また他に二人の短期現役士官、一人は戦後よく活躍したピアニスト、田村宏さんの従兄弟の田村大尉がピアノとヴァイオリン、篠田大尉がヴィオラを弾かれると知り、四人で週末にカルテットをやることとなった。窓をしめ切ってハイドンやモーツァルト等の弦楽四重奏曲をやって楽しんだ。

夏のある日曜日、暑いので窓を少しあけてやっていたら、音をきいた硬派の教官が「この非常時に音楽とは何事だ」と言い廻られ大困り、やめようかと言っていたら井上校長が「非常時だからこそ心に余裕をもたねばならぬ。よいことだから大いにやりなさい」と言われ、ほっとしたことであった。

井上校長は御自身でもピアノを弾かれ、将校集会所のピアノを時々弾いておられた。また、時々武道場で、呉の海軍軍楽隊のオーケストラ（軍楽隊は吹奏楽のみでなく管弦楽もやった）のコンサートを生徒全員対象に企画された。ロッシーニの「ウイリアム・テル序曲」の始めのほうにチェロの四重奏があるが、あのきれいなメロディーが耳に残っている。

「指揮官先頭」の精神を涵養する彌山登山競技

指導武官の永橋大佐は本当に何から何まで、細かいところまで気を配ってくださった。毎日の食事、課業、訓育の往復等いつも一緒だった。官舎が甲三号の並びの四～五軒先で週末にはよくお宅で御馳走になった。奥様手作りのチヌ（黒鯛）のウシオ煮などなど御家族皆さんと一緒の夕食は一人生活の淋しさをいやしてくれ、本当に楽しかった。戦後は苦労されたが、私が外地勤務中に御夫妻とも亡くなられ心残りである。

また、井上校長が「とてもよいから使ってみなさい」と木下周蔵従兵長（海軍では下士官の従兵には長がつく）を送って来られ、官舎で世話になった。高山で鉄工所を営む中小企業のオーナーで、朴訥で誠実、よく面倒を見てくれた。煙管《きせる》に煙草をつめてふかし、ぽんぽんと燃えかすを叩き棄てるあの様子、珍しいものとして懐かしく浮かんでくる。戦後しばらくしてから、高山祭の時に呼んでくれ、家に泊めてくれて朴葉《ほうば》みその朝食がおいしかった。

毎年十月中下旬、広島県加茂郡原村、安芸郡矢野町同郡坂村附近で陸戦教練野外演習が行われた。坂がきつかったのだろう、蒸気機関車二台で客車をひいてゆくのが印象的だった。約一週間行われ、終日観戦した。このあたり松茸が豊富にとれ、夕食に松茸一杯のすき焼きが出たこともあった。

同じく毎年行われた訓練の一つに彌山《みせん》登山競技がある。彌山は五二九・八米《メートル》の山で宮島の最高峰、彌山登山競技は「指揮官先頭」の海軍の伝統精神を涵養する兵学校猛訓練の一つ、優勝分隊には「先頭第一」と書いた優勝旗が授与された。

明治三十九年、日露戦争の勝利を記念して始められたと言われるが、昭和十九年には九月二十二、二十三日に行われた。昭和十九年の三号（七十六期）の入校は十月で、この年の彌山登山競技は三号なしで行われたわけだが、通常三号（最上級が一号、次二号、三号は最下級生）の四月入校直後から訓練が開始され、約四十名の分隊全員が揃って彌山を馳せ登り、所要時間を競うものである。内火艇で宮島に行き参観した。彌山登山の練習のため江田島の古鷹山に馳け登る訓練も繰り返されたようで、私も一度馳け登った。戦後大分たって行った時はフーフーいってもちろん歩いて登ったのだが。

尚、兵学校にはこの他にも色々の訓練があり、宮島遠漕競技、遠泳もあった。

私は特別ではない、何くそという思いが強かった

嫌だったのは夜の自習から寝る頃だった。下のほうに生徒館の灯、向こうに江田内の漁り火や能美島の灯がみえる。哀調を帯びた就寝ラッパ（ソドードミーー、ソドードミーー、ソドッドドソミドッドドッミソッソソミドソーー、ソドッドドソミドッドドッミソッソソミドソッソドーー、ミソッソドーーミーー）、つくづくと父母の顔が浮かび、そして同期生と共に暮せる入校の時を待ち焦れたものだった。

前に書いたように、海軍省の考えは私を七十六期に入れることだった。それだと準備教育は十月までの八ヶ月だったのだが、私の年齢からいけば七十七期で昭和二十年四月に入校するほうが自然である。開戦阻止に努力され、日本の敗戦は当然のこととして終戦工作に奔走された井上校長は「急ぐことはない、年相応の七十七期に入りなさい」と言われ、準備教育は半年のびて一年二ヶ月となった。それだけ孤独生活がのびたのだった。

皇族の長男として入校は当然きまっていたのだが、私はこのような所謂《いわゆる》特別扱いが嫌いだ

った。学習院中等科三年で成績が全上だったとき（一般の学校の成績は甲乙丙丁だったが学習院は上、中上、中、中下、下だった）、こうした場合、前からだが、必ずやっかむ同級生がいて、「殿下は特別なんだよ、先生がよい点をつけるんだよ」と言うのだった。私は気づくたび、「何を言うんだ。僕はちゃんとやっているからこうなんだ。馬鹿を言うな。ならやってみろ」と言ったものだが、私は特別ではないのだ、皆と同じなのだ、何くそという思いが強かった。

そうしたことから言えば、大変な難関といわれる海軍兵学校に無試験で入るというのは何ともいえぬ気持ちで、教官に特にお願いして皆と同じ問題での入校試験をしていただいた。一人の教室で持時間も同じである。そしたら「立派に受かっています。次席です」と言われ嬉しかったのを覚えている。

私の時、実際に受験した人は三万名から四万名、合格者三千七百名、約十倍であったが、海兵では約二百五十の分隊があり、二百五十番までは先任、五百番までが次席というわけで、最上級生一号生徒になると先任は分隊の伍長、次席は伍長補となる。

皇族は伍長、伍長補にはならなかったから逆差別と言えば言えるが。入校後も同期の誰かがへまをやると、共同責任ということで重武装で隊伍を組んで練兵場を走らされたり、水風呂に入れられたりした。棒倒し、甲板掃除他、色々ときびしい訓練も皆と一緒にやり、一体感安心感をもったものだった。

この棒倒しというのは海軍伝統の競技の一つで、一本の棒を根本で抱える人、周りを腕を組んで円形に取り巻き、肩の上に乗ってまた輪を作り、攻撃隊が飛び乗って来て棒を倒そうとする。二隊に分れて行い、早く倒したほうが勝ちである。三号は一番下の輪から固めるが、私は攻撃隊が飛び乗って来る側にいたので肩や頭に飛び乗って来られる。私の先輩の皇族は、こうして肩や頭を踏んづけられるので見学に廻った人もいたようだ。

日本式の謙虚さは国際的にはマイナスのことが多い

このように、皆と同じ条件で試験を受けて次席で合格したなどということを吹聴するのは、日本の道徳としては奥床しさに欠けると思われるかもしれない。私も大分逡巡したのだが、敢えて書くことにしたのは、一つには事実であること、また一つにはこうした日本的な考え方、感じ方が私にも本然的に自然ではあるが、後の外地勤務の経験から考えて、国際的には日本式の考え方はマイナスに働くことが多いと思うからだ。

民主主義の競争社会では自己主張が大事になる場合がある。一寸《ちよつと》極端かもしれないが、こんな例がある。

外地で日本人から聞いた話だが、「うちの娘はピアノの練習をしている。まだ初歩なんだが」と言ったところ、「ああそれならうちの娘はピアニストだ、教えてあげようか」と言われ、よろしくと言ったところ、何と、その娘さんはやっと最初の教則本（バイエルではなかったかもしれないが同等程度のもの）を終ったばかりだったという。

日本の娘さんのほうは、そろそろやさしいソナタでもやるという段階で、まるで逆、この段階でも日本なら、とても人を教えるなどとんでもないと言われるだろう。

この話はしかし、一寸《ちょっと》一考を要すると思う。この国ではピアニストというのはピアノを弾くプロを必ずしも意味せず、一寸《ちょっと》弾く素人も普通にピアニストというようだ。日本人が日本式に遠慮して初歩なんだと言ったのを、この国流に考えれば本当の初歩ととったのであろう。

この国の人は思っていることをそのまま素直に表現する習慣だが、日本人は遠慮深くて謙虚なのはよいのだが、その裏に競争心が隠れていることもある。文化の違いというべきだろう。私に話してくれたこの日本人はこうしたことを考えずに、単純にこの外国人を高慢ととったのかもしれない。一般的に日本人は、こうした欧米人の率直さを誤解することがあるようだ。気をつけるとよいと思う。

また、こういうこともある。私は海運会社に勤めて約十五年海外勤務をしたが、三人の子供が成長して学校に通うようになった。シドニーの時のこと、日本人学校もあってなかなかよい教育をしておられ、水泳クラスの監督をしたり一寸《ちょっと》関係もしたのだが、自分の子供たちは現地校に入れた。折角、外地で生活しているのだから、現地の学校で学ばせて現地の人の考え方、生活を知ることが将来の人格形成上の役に立つかと考えたからである。

男の子たちは全寮の学校だったが、授業にディベート（討論）という時間があって、クラスを二つに分け、一方はイエス、他方はノーとして先生が問題を出して討論させる。この問題は自分はイエスだなと思っても、ノーの組に入ったらノーとして理屈をつけねばならない。この教育は論理の正確な組み立て方の訓練といえよう。色々の会議や交渉の時、うまくしゃべるなあという人に何人も出会ったが、こうした練習の結果であろうか。なるほどと思ったことだ。

戦後、国際会議での日本の様子をみると、十分な討論が出来ないでやり込められる例もみるように思うが、どうであろうか。欧米人の家庭によばれても、また雑談の場に入っても、よく色々の問題について議論している。政治（内政、外交）の問題もよく論じられている。日本ではこうしたことは少ないのではないか。自己主張ということは日本の文化にはなじまない面があると思うが、資本主義の競争社会では必要な技術ではあるまいか。

戦艦大和の思い出と沖縄特攻

海軍兵学校入学試験の話から大分脱線したが、そして、まだまだ実は言いたいことがあるのだが、ひとまず元に戻ろう。

準備教育終了近く、昭和二十年三月末だったと思うが内火艇で徳山に行き、戦艦大和の見学をした。大和は当時、世界最大最新最高の設備をもった戦艦だったが、艦内をくまなく見学した。

この大和の要目を書いておこう。

大和の全長263m　全幅38・9m
最大速度27ノット　航続距離16ノットで13334km
排水量基準6万4000トン
排水量公試6万9000トン
排水量満載7万2809トン
装甲舷側410mm
装甲甲板200〜230mm
装甲主砲防盾650mm
装甲艦橋500mm
45口径46cm3連装砲塔：3基
60口径15・5cm3連装砲塔：2基
40口径12・7cm連装高角砲：12基

25㎜3連装機銃：52基
25㎜単装機銃：6基
13㎜連装機銃：2基

その山のような威容、存在感。四六センチ主砲、針鼠のように立ち並ぶ機銃、巨大な機関に圧倒され、それから第二艦隊司令長官伊藤整一中将、有賀幸作艦長以下高級士官列座の下、伊藤長官向かいの席で昼食を御馳走になった。十四、五人、あるいは二十人ほどいただろうか。艦内の随分大きな部屋であった。

私は全く知らなかったが、特攻出撃直前（出撃は昭和二十年四月五日）にもかかわらず、たかが十六歳の子供だった私に、ありたけの材料で御馳走して下さったのであろう。今にして思えば、本当に有難い貴重な時間だった。もっとお話を伺えばよかったと残念、申し訳なく思う。長官や艦長のお顔がほのかに思い浮かぶ。フランス料理フルコース、おいしくいただいた。冷たい飲み物が出たが、未成年だからワインでなく薄いジンフィーズの如きものであったのか、帰りにタラップを降りる時ふらふらし、これは何だろうと思ったのだった。

思えばこの一週間ほど後、沖縄方面に特攻出撃し、暗号電報は解読されていたので爆撃機の大群に迎撃され、沖縄五〇〇キロ手前で沈没した。昼食を御馳走になった伊藤中将、有賀艦長以下の士官方、そして約三千二百名の乗組員のうち泳いで助かったのは二百名ほど、何という無駄な死であろうか。

この大和乗組で泳いだ二百名ほどのうち、大半は僚艦によって拾い上げられたと思われるが、私の知人のおじいさんは大和乗組で泳いだのだが、救助のボートに発見されず、何日も浮かんでいて小島に流れついて助かった。しかし体力を消耗して回復に数年を要したという。

大和とは限らぬが、乗艦を撃沈されて泳いで助かった話を数人の元海軍軍人からきいたが、沈む、海に飛び込むという時には、まず全力で泳いで艦からなるべく離れる。さもないと巨大な渦に巻き込まれる。この渦とは大きな艦になるほど大きく、巻き込まれた人の話では、白い一面の泡で何も見えず、やっと浮かび上がったとのことだった。深呼吸しておくとか、泳ぎのうまい人なら何とか浮かび上がれるのかもしれないが、至難の業なのではないか。また、泳いで助かるといっても、泳ぎが上手で、お先にと言って泳いで行った人は大抵が島に着くまでに力尽き、流木か何かあれば、それにつかまっているのが一番だが、なくても浮身で浮いていて島に流れつくのを待った人が助かっていると聞いた。もちろん艦に備えつけのボートに乗れた人、また僚艦に救助された人はラッキーだが、なかなかそうはいかなかったのであろう。

何度も言うようだが、この大和を中心とした残艦掻き集めの特攻出撃、全く何ということであろう。成功の見込は全くないのに。特攻攻撃を進言して採用されたこと、武器もないのに徒手出撃して犬死、玉砕したことを含めて鬼の仕業と言わねばならない。

太平洋戦争そのものが無駄、無意味、戦争とは如何なるものでも否定されねばならない。日支事変が泥沼の様相を呈してきたので撤兵すべしと杉山元陸軍大臣に数人で進言したところ、お前たちは退却しろというのかとどなられて沈黙したとの話もある。戦後七十年、日本は平和を謳歌してきたが、今後とも、余程《よほど》心して政策を進めて行かねばならない。

多くの将兵の命を救った伊藤整一中将

ここで特筆せねばならぬことがある。伊藤中将は軍令部から派遣された草鹿龍之介中将に沖縄特攻命令の予定を聞かされ、「無駄死だ」と疑問をぶつけたが「一億特攻の魁になってほしい」と言われて承知、出撃した。生存者の話では皆沖縄を救わねばと高揚したという。そして沈没確定したとき、伊藤中将が「作戦中止」を令して個室に入り、中から錠をかけた。そのため同行他艦の乗組員、救い上げられた大和の乗組員合計三千名余は無駄死を免れた。他の玉砕地でもこうした措置がとられたら多くの兵隊が死を免れたであろうに。

この大和の特攻出撃に限らず、まず開戦を決定、指令した人たち。戦陣訓を作って降伏、捕虜になることを禁じた人。特攻攻撃を企画、決定、指令した人。武器も食糧もないのに玉砕を求めた人。そして貴重な人材を徒らに死に追いやった人たち。これらの人々の中で、戦後になって全く口を封じ、やりのがれて責任をとらず、大手を振って動き廻った連中、決して許すことが出来ない。

これらの人々とは別に、意外と盲点となって論じられていないが、戦時の大勢に迎合して考えてみることもせず、すり抜けて戦後に至り、何も加担しなかったかのように過ごして来た多くの人たちがいる。

一方で、作戦中止を命令して、多くの将兵の命を救った伊藤中将の如き人がいる。このような人たちこそが、死んで行ったのだ。これは一体どういうことなのか。

ただ、同時代を生きた人間の実感として振り返ると、「戦争に行って死ぬ」というのは、あの頃は当たり前の感覚だったようにも思う。

海軍兵学校などでも、とりたてて特攻について話をしたような記憶はあまりないが、しかし、遅かれ早かれ戦場で散るだろうと考えることは、特に変わった話ではなかった。特攻で出撃された方々も、その覚悟は持っていただろう。そうでなければ、なかなか平気で行けるものではないと思う。それにつけても、この戦争で生命を失った彼我多くの軍人、民間人、当人たちは国のためと納得していた人もいるだろうが、何とも大きな損失だったと言わざるを得ない。

沖縄の人たちへの思いも深いものがあった。沖縄での戦いがひどいことになっていると き、永橋大佐が自宅に沖縄出身の在校生たち数人と、私を呼んで、一緒にご飯を食べたことがあった。沖縄出身の人間を慰めたいということだったのだろう。その後、数十年してその中の一人とお会いした時に、「あのときは、わざわざ沖縄のことを考えていただいて。いまでも覚えています」と語ってくれたことが深く印象に残っている。

大和についてはもう一つの思い出がある。小学校六年生の時、昭和十五年、父が呉軍港所属の八雲の艦長で、金谷石鹸の金谷社長所有の家屋を借上げて官舎としており、夏冬休みは子供たちも呉で過ごした。

この官舎は山の中腹にあり、ある日、裏山に登ろうと家を出たら、沢山の水兵さんが通せんぼをしていて登れない。まあ子供とみたのか、八雲艦長の息子と知ってか結局通してくれ、上に登って湾内をみたら、丁度大和進水の時で(もちろん私はわからなかった。あとで父にきいてわかった)、造船所に大和がみえないように大きな壁が作られていたが、その先に大きな軍艦の頭がみえたのだった。

「士官にとって自由裁量が一番大事」井上校長の教育方針

このへんで準備教育についての記述を終りとしよう。そして入校後に移る前に井上校長の教育方針について要約しておきたい。

井上校長は昭和十九年八月五日海軍次官に転じられたので、二月七日江田島についた私とは丁度六ヶ月重なったわけだが、その教育方針は少なくとも私の準備教育の残りの半年間は変わらず続いたと思う。

井上校長が兵学校生活の思い出を語っておられるのに、

「江田島生活には全体観としてみると、何となく貴族的な香りがあった。兵学校の生活にはリズムがあり、調和があり、詩もあり夢もある生活だった」

とある。私の家にも何となく自由の香りがあったように思うが、海軍の伝統として英国海軍の影響もあって、ジェントルマンシップ、ノブレス・オブリージュ精神の尊重ということが底流としてあったと思う。井上校長は、スイス、ドイツ、フランスそれぞれの大使館付の間に欧州、欧州人の気質等について研究され、第一次大戦のとき英国上流階級の人たちが如何に勇敢に戦ったかを聞かされて共感し、こうした精神を兵学校教育の方針としてはっきり示された。

校長は、「士官というものは、何を、いかに、いつ、どこでどうすべきかを自分で考えて決定せねばならない、つまり、士官にとって自由裁量が一番大事なのだ」と言っておられるが、あの戦況思わしくない頃、一部に英語廃止論、軍事学優先の強硬論がある中で、普通学の可能な限り徹底した教育を主張されたのも、こうした考えに基づくものと思われる。

そして「士官たるものが正しい判断をするためには、左右に偏しないオーソドックスな学問をまず生徒に与えねばならぬ」として、当時持てはやされた皇国史観の中心的人物であっ

戦後に英語塾を開き、教壇に立たれる井上成美先生

た東大教授平泉澄《きよし》氏を海軍省教育局が生徒教育のためと称して度々送り込んでくるのに対して、頑として講話を生徒には聞かせず、教官のみに聞かせてその偏った部分は生徒に伝えぬよう指示し、また陸軍士官学校では英語を入校試験から外したのを兵学校では継続し、前述したように英英辞典で英語のみを使う授業を行わせたことなど特筆すべきことだと思う。すべてを本物でやることが教育にとって大事であることを堅持しておられたと言えよう。

当時、軍事学を優先して一刻も早く実戦に役立つ卒業生を送り出すことを唱えた海軍要路の人たちとは衝突することも多かったようだ。世界情勢の判断が的確で、終戦工作に頭を悩まし、日本の敗戦の近いことを承知の上で、敗戦後の日本復興に当たる人材を養成せねばならぬとのお考えであったろうという人があるが、そう考えると腑に落ちるように思う。透徹した判断力、英智をもつ人とは、このような人のことをいうのだ。

井上校長は、戦後は横須賀の旧軍港を見下す崖の上の洋館のお宅に隠棲され、世に出て活動するようにとの誘いには一切のらず、最も責任のない方なのに、日本国を今日あらしめた責任は重いとして、日本を戦争へと導いた連中が大手を振って活躍する中を、結核にかかっておられた病身のお嬢さん（軍医だった御主人は戦死）を看取り、その一粒種の男のお孫さんの面倒を見、奥様は亡くなられていて男手一つですべてをやられたという。

村の子供たちを集めて得意の英語を教えられたが授業料は一切とらず、赤貧の御生活であったという。元海兵生徒の有志その他が何とかお助けしようとしても、芳志は取ろうとされず、本当に清らかな後半生を過ごされたようだ。私は会社生活の忙しさにかられ（これは言い訳になってしまうが）こうした御様子も知らず、お訪ねすればよかったと後悔の気持ちがずっと続いている。

海軍兵学校入校式の所感

昭和二十年四月十日、ついに入校式を迎えることとなった。この日は快晴、桜花爛漫、同期生に交ってとても嬉しかった。今に情景が浮かぶ。その頃、入校に際しての所感なるものを書いている。何のため、誰に言われて書いたのか記憶にないが、十六歳の一軍国少年、お国のため、銃後の人々のために戦わねばならぬ、日本は絶対に勝つのだと思い込んでいる（思い込まされた）一軍国少年の書いたものとして我ながら一寸《ちよつと》驚きだが興味がある。記録として書いておこう。

〈「一年一ヶ月の準備教育を終了し茲《ここ》に目出度く生徒となるを得たり、之に勝る喜びあらんや。今や過去一年余の間に得たるものを敢然発揮するの時到れり。生徒生活の愉快さは又格別にして、降雨下に於ける水上作業の如き正に男子たるの生甲斐を感ぜしむ。如何に久しく今日の生活を憧憬せしならんか、見よ四周には三千の戦友あり。

今日の生活は是れ直に戦闘に通ず否既に今日生徒すべて戦闘配置に就けるなり。我は大君の御為皇族たる海軍兵科将校としての自覚を強固にし唯々国に殉じ国民の儀表たるを期するのみ。今や沖縄の上空暗雲の絶間なし。陛下の御為、国民の為その身替りとして余が一命を召し給へと天神地祇《ちぎ》に唯祈りて止まず。

翻って皇族たるの本分は国民に天皇の御稜威《みいつ》を確知せしめ大内山を側近に守護し奉るにあり。従って民に於けるより数十倍の修養に力《つと》めざるべからず。自分爾後江田島生活に全身全霊を打込む覚悟なり〉

さて早速、大原分校（本校と劣らぬ規模の、しかし速成校舎の分校。今は解体されてなし）オ一〇一分隊に配属された。オ一〇一分隊とは大原一部の一分隊ということ、一つの部には十の分隊が所属し、江田島本校には九つの部があってエ・・・分隊、大原分校には八つの部があって、オ・・・分隊と呼ばれた。この他に岩国分校、舞鶴分校があった。

私の入校は四月十日、七十七期生というのだが、八月十五日の終戦まで四ヶ月にすぎない。しかし毎日毎日が別の日のように色々のことがあって、いまだに鮮明な記憶となっており、同じ甲板の上で死ぬのだという戦友意識が残って、何かといえば集まる、いまだ仲のよい同期生だ。

話は大分先のことになるが、敗戦後二十年ほどたって私が働いていた川崎汽船の東京の職場に同期生の一人、紅野君が尋ねて来た。そして、今まで同期の連中は進学や就職、また、戦後の混乱、食糧難等で同期会の再興とまではゆかなかったが、そろそろ定期的な活動を考えてはどうだろうかと言う。私はそれはよいだろうと言ったものの、もう一つ反応が鈍くて紅野君の期待に添わなかったのではないかと思う。それというのも、後にも書くつもりだが、日本を敗戦に導いた大きな流れに責任のあるのは弱体な政治活動、強固な特高警察を含む巨大な官僚制度の他に、懐かしい存在ではあるものの、海軍も含まれると考えていたからだったろう。

（左）海軍兵学校の事業服。日々の課業はこの服で行った
（下）大原分校の碑。大原分校は戦後建物も解体されて、現在は碑だけが立っている

しかし、入校の時に一緒になることをあんなに待ちわびた同期の連中と全国総会、各種の懇親会、遊びの会などで行動を共にするうち、私の人生になくてはならない存在となっている。

一号生徒からのお説教と鉄拳制裁

まず入校初日、分隊配属となる。分隊とは三クラス、最上級生が一号、次が二号、次の最下級生が三号生徒のそれぞれ十〜十五名から構成されている。自習室に入ると早速、姓名申告が始まった。出身学校、姓名を大声で申告するが、一回では通らず、一号生徒の怒号の下に打ちのめされ、全く生やさしいものではない。生徒になった安堵感、自己満足を奪い去る、いわゆる娑婆気を抜き去る処方箋といえるだろう。

翌日から教程に従って課業、訓育が始まった。最初は主として普通学、その他に練兵場に並んで手旗信号、無線通信(トンツー)の練習があった。覚えていたのだが、ほとんど忘れてしまった。

生徒館その他通行するのに両手を揃えてさっさと小走り、階段を上がるのは二段飛び。自分ではよい姿勢と思っても時々一号生徒に「待て」をかけられる。一号生徒は前に廻って来てお説教の上、鉄拳制裁である。戦争末期の頃は鉄拳制裁はなるべくするなとなっていたようであるが、部によっては相当激しく行われたようである。海軍生活になれさせるには手っとり早かったかも知れず、賛否両論があったようだが、真面目に考えてやっていた一号も多かったろうが、面白半分の人もいなかったとは言えないのではないか。

私の場合胸のネームプレートに「邦昭王」と書いてあるのを見て、「手がのびていない」とか「姿勢が悪い」とかお説教の上、放免されることが多かった。戦後、会社勤めで役員になってからお顧客《とくい》さんを尋ねた時、みたような顔だなと思ったらその一号生徒の一人で久闊を叙し、逆に御馳走になったことがあった。

甲板掃除は、中腰で大きな雑巾を右に左に押して行く、「廻れ」「廻れ」の号令で行ったり来たり、なかなかのものだ。教練で匍匐《ほふく》前進、泥だらけの胸からボタンがとれていた。また、棒倒しも何というかすごいものだが、一日が息もつかせず過ぎて夕食後自習、一号生徒が最後列、伍長、伍長補の順、その前が二号生徒先任順、最前列に三号生徒が着坐して静かな時間が流れる。自習止めの五分前から、三号が一名ずつ順番で五省を唱える。五省とは海軍に伝来の反省句といおうか。

一、至誠に悖《もと》るなかりしか
一、言行に恥づるなかりしか
一、気力に欠くるなかりしか

一、努力に憾《うら》みなかりしか
一、不精に亘《わた》るなかりしか

の五句であるが悖るは反する、亘るは引き続くという意味である。

戦後、アメリカのアナポリス海軍兵学校の校長が来日して五省の話を聞いて大変感心し、アナポリスにも取り入れようと言ったとか。実際どうなったかは知らないが。

防空壕掘り、そして敵機来襲

それからあの物淋しい就寝ラッパで寝につく。巡検。

書きもらしたが入浴は三号は最後。スッポンポン、手拭いを前にあてて はいけない。裸で堂々としておれ。

日曜日は外出が許されて教官の官舎を訪問、クラブに行く等。私が吃驚《びっくり》したのは生徒は準士官（兵曹長）の下、下士官の上という階級で、外出して歩いていたら看護婦（今は看護師と言わねばならないが、当時は全部女性だったと思うから別におかしくはなかったわけだ）の一隊に出くわし、隊長格の看護婦が「歩調とれ頭右」と号令を下したので、私が慌てて答礼をしたことがあった。

日曜日、外出から帰ると軍歌演習があり、軍歌集を左手に高く掲げて歩調をとり、行列、円陣で練兵場を廻る。ああ、これからまた一週間、荒波を乗り越えて行くのだという一種の悲壮感があった。

種々の訓練のうち強い印象を受けたのに真道山夜間奇襲上陸陸戦訓練があった。総員起こしのラッパで飛び起きてカッターに飛び乗り、向かいの能美島へ。オールのしぶきに夜光虫が緑色に光り、敵に見えないのかと案じたが、上陸して真道山頂上に向け斬り込みをかけるとの想定、谷が深く、山道の要所要所には教員の仮想敵が待ち伏せしていて、大抵は戦死となる。

五月五日から呉、広島方面にＢ29が来襲、防空壕掘りは二月頃から始まってはいたが、五月二十七日海軍記念日から三直二十四時間連続作業で穴掘りが始まった。課業訓育は変則的にならざるを得ないが、三直に分れて鶴嘴《つるはし》を振るった。天測を行う六分儀を用いて坑の入口の位置をきめ、爾後測量はもっぱら六分儀で行われた。山は花崗岩で鶴嘴がよく通ったが出水が多く、落盤の危険があり、六月二十八日〇九一〇、この心配が事実となり、七十六期の井原幹雄生徒が埋没重傷、呉海軍病院で殉死した。私の近くでも落盤で首まで埋まった生徒がいて皆で助けたことがあった。

敵機来襲が激しくなるにしたがい兵学校の教材用の高角砲、機銃などすべて実戦配備に当てられた。御殿山、鷲部山、マンドウ山という小山にも防空砲台が作られた。艦載機が来襲すると、防空壕に退避するが、ある時、私がはぐれて防空壕の指定位置以外の所にいたのだが、それで私のオ一〇一分隊の中島伍長が心配して外に出て見廻っておられた時、丁度敵機に襲撃され、機銃の弾丸がすぐ傍《そば》をダダダと通っていったとのこと。後で知って申し訳ないことをしたと思ったことだった。

ハンモックナンバーについて

ちなみに海軍にはハンモックナンバーというのがあって、兵学校でも学術点と訓育点の総合処理で一番からナンバーがつき、卒業時のナンバーが一生ついて廻る。軍令承行、指揮権継承のため必要ということだが、感情的に多少のゆれがないではなかったようだ。とにかく中島伍長は七十五期の二番（エ一〇一分隊伍長の次がオ一〇一分隊伍長、伍長一まわりして伍長補という具合）、井上校長は一番であった。中島伍長には本当にお世話になった。今も岩国の地で御健在、山本五十六大将や佐久間艦長についての御著書がある。

ちなみにこのハンモックナンバーだが、皇族の中にも実質首席がおられた。皇族にはナンバーがつかないで、進級は一番と同時だったので実質と書いたのだが、それは私の伯父で伏見宮博恭王の三男・華頂《かちょう》侯爵で（皇族の二男以下は特別の事情ない限り臣籍降下したが、二男は侯爵に、三男以下は伯爵になった。戦後の方はわからないかもしれないが、戦前には華族制度があって、公、侯、伯、子、男爵と分れていた。尚、華頂侯爵は三男であるが、特別な事情で二男のお兄様が華頂宮を継がれたが早世され、そのあとを継がれたので三男だが侯爵というわけだ）、五十二期。高松宮と同期だが、成績一番、マラソンなども常に一番だったそうだ。

皇族は（臣籍降下した人がどうだったかは知らないが）クラスヘッドと一緒に進級したが、陸軍の皇族は同期の一番を飛び越えて昇進し、私の父の一級上の方は、私の父が少佐の頃、既に大佐になっておられた。釣り合いが取れなくて困るというので昭和十七～八年の頃から父はクラスヘッドを飛び越えて昇級し、クラスヘッドが大佐なのに中将にまでなった。海軍の、特別扱いはなるべく控えるというよい習慣を維持したほうがよかったと、私などは思うのだが。

八月六日の閃光と爆風、白紫色のキノコ雲、地響き

この頃にはもう燃料も残り少なく、出撃出来ない残存の艦が呉軍港を中心に処々に停泊、木をはやしてカモフラージュしていたが、偵察（スパイの報告?）により発見され、七月二十四日、敵機多数来襲。急降下爆撃により江田内停泊中の重巡大淀、利根が擱坐、横転した。利根は大原分校目前の海岸高田の浜前に停泊していたが、果敢に応戦。撃墜した敵機もあったようだがついに擱坐、敵機が消えて防空壕から出たら多数の戦死者戦傷者が運ばれて

くるのをみて、わかっているのに何で退避させていなかったのかと思ったものだった。

七月末になって空襲、炎天下昼夜兼行の防空壕構築作業、陸戦特別訓練に加え、糧食の不足による栄養不足などにより身体をこわす生徒がふえ、さらにB型パラチフスが大原分校に発生し、呉海軍病院に入院する生徒が百名をこえた。七月二十四日、ついに大原五〇七分隊三号松原清生徒が死亡した。

私は日曜日外出中にパラチフス発生が呉海軍病院で発表され、大原に帰るなとなり、本校九〇二分隊で暫時課業を受けることとなった。

なぜ本校九〇二分隊だったのかはっきり知らないが、分隊幹事の山本教官が私の準備教育時代の教官の一人だったからかもしれない。同期三号生徒の専任（分隊同期のヘッド）大貫稔君とは防空壕に飛び込むときとか色々行動を共にしたが、戦後は医者になり、クリニックの他、老人ホーム、福祉をメインとする大学をつくったり活躍した。彼の要請で、この大学で二年ほど、私の神宮等での経験を語ったことであった。

八月六日八時過ぎに教室に向かっていた時、広島に原爆が投下された。何が先だったか覚えないが、閃光と爆風、白紫色のキノコ雲、ずしんという地響き。直ちに防空壕退避、物理の寺田教官が「あれは液体水素の爆弾だろう」と言っておられたのを憶えている。

全く何が起こったのかわからず、広島の被害の様子が伝わってくるにつれ、えらいことだと皆で話し合ったことだった。その時に原爆の直接被災の他、現在にまで止むことのない核飛散による大きな非人道的な被害については大方の人には予想がつかなかったわけで、広島出身の生徒には一時帰休して自宅の様子を見させる処置がとられたようだ。短時日であったとはいえ、核爆発後の放射線被曝による被災はどうだったのだろう。

全く罪のない非戦闘員の人々を瞬時大量に虐殺し、今日に至るまで核被災の後遺症を残す、このような殺人兵器は決して許されてはならない。

「どうして、こうなったんですか」父にぶつけた思い

長崎原爆に続いて終戦。八月二十日、表桟橋から内火艇で「帽振れ」に送られて離校した。「帽振れ」とは海軍で転勤、卒業等のとき汽車や内火艇で去る人を軍帽を振って送ったものである。

着校のときカッターで迎えられた宇品港につき、原爆投下二週間目の広島市を駅に向かった。所々にビルの残骸があるだけで一面の焼野原。ずっと江田島にいたので東京等の被爆状況は知らなかったが、何たるひどいことかと暗澹たる思いだった。駅長さんは助かったものの頭に包帯を巻いていた。私も短い時間ではあるが核爆発の被災は受けているのであろう。

この駅長さんのこと、長く気になっていた。戦後大分たってからある教官が、旧国鉄の人から元気にしていると聞いたと教えてくださり、安心したのだった。爆発による熱線の直接

死傷ばかりでなく、二週間後から一～二年、また数十年に至る放射線障害で亡くなる人が跡を絶たない。

当時、私の渋谷宮代町の家は戦争中に失火で半分焼けたが戦火は受けなかった。しかし、父は連合航空隊司令官として藤沢航空隊に司令部があり、官舎に住んでいたので、取り敢えずそちらに帰った。

私はすぐに軍籍を離れたが、父は残務整理等色々とあったことであろう。何時《いつ》だったか憶えないが東京の家に帰った。

私は茫然たる日々を重ねた。今にして思えばおかしなこと、どうして信じていたのか不思議だが、日本は神国だ、大東亜共栄圏を作るための戦争だ、必ず勝つ、そのお役に立つため戦うのだ、身を捧げるのだと思い込んでいた。当時の少年の大半はこうした軍国少年だった。教育の効果の恐ろしさ、そして目前に突きつけられた敗戦のこの無惨な現実。一体どうしたわけだ。

しばらくは寝食も忘れてそれのみを考えた。この大変な被害、膨大な戦死者、一般市民の死者は一体何のためだ。何の意味もない死、資産の喪失、しかも戦死者の半数は餓死者だというではないか。投降を禁じた戦陣訓によって強いられた玉砕、人間性を無視した特攻、考えれば考えるほど、この戦争の無意味さ、死んだ人々への思い。

戦争で死ぬことは当たり前だと考えていただけに、価値観が百八十度変わるような衝撃が

終戦直後の昭和20年９月に撮影された新橋駅。一面、焼け野原で線路から遠くが見渡せる、惨憺たる光景が広がっていた（写真提供：朝日新聞社／時事通信社）

一気に押し寄せてきた感じがした。

どうして開戦を阻止出来なかったのか、皇族は何をしていたのか、父に食い下がったこともあった。

「どうしてこうなったんですか。何もおっしゃらなかったのですか」

そのような言葉を、父に直接ぶつけた。父は困っていたようだった。

「わかってはいたのだけれどな」

父からは、そんな返事があった記憶がある。

今にして思えば、父も重々承知のことであり、息子である私に食い下がられて、「ああ、これは言われたなあ」という思いだっただろう。

なぜ皇族が戦争を止められなかったのか

明治の初め、藩閥政府の意向であったのか、皇族には政治に口出しさせないためとして皇族は軍人になることが強く求められ、殊に長男はそれが義務づけられた。これには曾祖父朝彦親王が平和を望む孝明天皇（攘夷に固執したことの悪影響が一方にあったとしても）の意を体して公武合体に努力したのが彼ら藩閥政府の意に反して政治に介入したとして、その再発を止めようとしたのかもしれない。

しかし一方で、陸海軍の大勢が政治を牛耳り、マスコミを使って国民大衆を戦争の方向に導いて行ったわけで、この軍の政治への介入を許したのは誰の責任か。政府は一体何をしていたのか。

当時の皇族は大きな権威を持っており、本気になって戦争阻止に動き出せば動きは変わっていたかもしれない。しかし政治に口を出すなということが頭を占めていれば、なかなか動けないということもあったかもしれない。

梨本宮守正王は戦犯に指名されて巣鴨に収監されたが、伊都子妃の日記によると、守正王が戦犯に指名された翌日、「何のため、自分が戦争責任者であるかわからぬ。満洲事変の時より反対で、もうほとんど軍のほうには口も出さなかった。十三年（正しくは十二年十月）

から神宮祭主でいるから、何も戦争には深く立ち入っておらぬ。また、神宮のこともよく米国にはわかっておらぬもよう……」と言われたとある。

　皇族として満洲事変の時から反対でも、戦争反対は口に出せなかったということであろうか。

　終戦直後の当時、ＧＨＱは、神宮は国家神道の総本山で、その祭主には戦争責任があると考えたのであろうが、その誤解は間もなく解け、宮は四ヶ月後に釈放された。

　昭和天皇が立憲君主制の憲法に忠実で、平和を求めるお考えに反して政府がきめたことにも、一旦きめた以上は反対されなかったことと似て、皇族も政治に口出しするのに躊躇したということであったのかもしれない。

　実際、高松宮は戦争反対、早期終結を志されたようだ。たとえば昭和十九年、日本が「絶対国防圏」としていたサイパンが米軍の侵攻の前に苦境に陥っている時期、高松宮は次のように天皇に進言されたと、日記に書いておられる。

〈昭和十九年六月二十二日（木）晴
　一五三〇御所（御都合伺ヒ参ル。「サイパン」ヲ失フコトノ重大ニ関シ一言申シアグ。アトツケタリニ皇族ヲ何ニア《ママ》御相談相手ニナサル御思召ナキヤ伺ヒシ所、政治ニハ責任アツタカラ出来ヌ、「統率ノ方モ責任アルベシ、結局御たよりになる者なしトノコトデセウカ」、ソレハ語弊アリ云々、

相変ラズニテ落胆ス）〉

その数日後の六月二十四日、高松宮は天皇に手紙を書かれた。

〈午後、お上ニ元帥会議デ何ントオ答へシテモ形式的ナモノデアル、準備期間モナイ、而モソレハ統帥系統ノモノデ、戦争指導上モット深ク考へヲメグラス上デ決定サルベキ旨手紙ヲカキ、御苦心遊バスベキ時ト思フト書イタガ、トウ〳〵差出スノヲ止メテシマッタ〉

この手紙は、サイパン奪回がならぬなら戦争終結を目指すべきと進言したものだといわれる。翌二十五日に開催された元帥会議でサイパン奪回作戦の中止、サイパンの放棄が決められたことを受け、高松宮はこの手紙を天皇に差し上げた。そして翌日、御所にて天皇とお話になる。

〈六月二十六日（月）曇、小雨

一〇〇〇御所（御二階ニテ昨日手紙ノコト、元帥会議上奏御決定ノコトナレバヒックリ返へスコトナシトノ御話アリ、ヒックリカヘスニアラズ、「サ［※サイパン］」確保ト云ヒ実行セザル虚《ママ》ニ問題アリ云々カラ、ヒッコイト云フコトデアッタ）〉

皇族としての責任意識と、立憲君主たろうとする意識の狭間で苦悩される昭和天皇や高松宮の姿に、胸が締めつけられる。

「東條首相はもう亡き者にしなければいけない」

私も、父のことで覚えていることがある。父はあまりはっきりしたことを私には言わなかったが、たまたま叔父にあたる三条西公正《きんおさ》さんが家に来て父と会話しているのを、傍《そば》で聞いていた記憶があるのだ。

なんでも、貴族院の一部から、「この戦争はもういけない。やめなければいけない」「東條首相はもう亡き者にしなければいけない」という声が上がっているということであった。父も、なるほどとうなずきながら、「それも必要だな」と語っていたように思う。

三条西公正さんは父の同級生で、父の二番目の妹と結婚しており、時々家にやってきてブリッジなどのトランプをやったり仲が良かった。藤沢の鵠沼に家を借りていた頃だから、父が藤沢航空隊に本部のある連合航空隊の司令官を務めていたときの話である。私が海軍兵学校から休暇で戻ってきていたときだったから、昭和十九年の夏頃のことだろう。

現実に、細川護貞さんが昭和十九年七月十一日の日記にそのような動きのことを記している。

〈余は更に思ふ、木戸内府は私心ありて決意せず、公（※近衛文麿公のこと）は亦優柔不断濫りに口舌を弄んで決起の勇なくんば、遂に日本は亡国に到るべし。よつて最後の手段として、東条を刺殺し、高松宮殿下の令旨を奉じ、御殿に於て木戸内府を圧迫して後継首相に殿下を推戴し、陸軍小畑（※敏四郎）、海軍米内（※光政）、外務吉田（※茂）等の顔触れを以て、所信を断行するは一つの考へなり。余は車中瞑目して実行の細部に到る迄検討す。余の一身につきては思ひ惑ふ所なし。唯事の成否殊に最後の成否に到りては、一に聖慮に掛る。若し軽々に事を発し、事志と異ふのことあらんか、国家として重大なる結果を招来すべし。然れども此の点を研究して備へざるべからず〉

そして細川さんはその後、各方面に動いている。七月十五日には高松宮邸で高松宮に拝謁し、高松宮が「今の東条内閣では、一種の恐喝政治だから、何をやるかわからないし、此の前の二・二六の経験があるから、あれを逆用して、宮城を近衛兵で取り囲むかも知れない。そんなことになつて、こんなこともあるまいが、他に政権でも出来ることになつたら、承久の乱だからな」と語ったのに対し、「殿下には恐れ乍ら中大兄皇子と御成り遊ばさる丶、御決心が肝要と存じます」と答えたと日記にはある。中大兄皇子とは、いわずもがな蘇我入鹿を大化の改新で討った人物だから、いわんとすることは明らかだ。

結局、東條内閣は総辞職することになるのだが、三条西公正さんと父が話していたとき、この動きのことを指していたのかどうかはわからない。少なくとも先にも書いたように、父が戦争の前途に悲観的だったことは確かだと思う。海軍で実際に戦場に行ってもいて、いかにこれが負け戦さかも十分知っていたはずだから、当然の話だとは思うが。

戦争に疑問を呈した皇族方は、他にも二、三、おられたようだが、強い動きにならなかったことは本当に残念だ。

私自身も軍国少年から眼が覚めて、愕然たる思いから色々と考え、日本を戦争へと導いた人々への強い怒り、戦争による三百数十万の無意味な死、戦災に苦しむ多くの人々への思いに耐えられない日々だった。

終戦早期成立に努力された人々

後になって知ったことだが、井上校長の先見性、三国同盟反対、開戦の阻止、また、終戦早期成立への大変な努力、全く頭の下がる思いだ。米内光政、山本五十六大将との三羽烏といわれるが、まず米内光政大将、総理までしたこの人が何とかもっと頑張れなかったのであろうか。海軍の戦力の限界についてもっと声を大にして開戦反対を言えなかったのだろうか。殺されてもよいとの覚悟の上で。

山本五十六、井上成美両大将の起用というのは大きな功績だが。富士山の頂上から大石を転がし落したら止まる所までは行かざるを得ないと言われたというが、一種の諦めがあったのではないか。私の苛立ちの気持ちが言わせることで、致し方なかったのであろうか。

山本五十六大将については、開戦不可の理論的帰結を堅持、事あるごとに表明しつつも、連合艦隊司令長官の立場との矛盾に悩まれたことであろう。近衛首相との二回の会見で日米非戦と対米交渉の継続を強く求めながら、開戦已むなしとなって、私にやれと言われるなら、初めの半年や一年くらいは随分暴れてみせると言われたという。このことは、半年、一年たてば負けるということであって、近衛首相をミスリードして開戦已むなしとさせたという人がいるが、これは甚だしい事実誤認と言わざるを得まい。この点は私の分隊の中島伍長（山本大将と同郷の長岡出身）が『山本五十六の書と書簡——楠公に重ねる責任と苦悩』という著書の中で強調しておられる。

井上大将については、こうした三人に共通した考えを、理路整然と、反対や無視にもめげず、声を大に、また意見書としてもはっきりと表明されたのは誠に偉いもの、頭を下げざるを得ない。反対派、また日本総体としての風潮のために採用されなかったのは本当に残念であるが。

開戦前の日本にも米英相手に戦ったら必ず負けると思っていた人が相当にいたと思う。

義母がニューヨーク駐在の義父の許に行くとき、義祖父に連れられて米国各地を見学していて、食肉工場へ送り込まれた牛が次々加工されて缶詰になって出てきたり、建築資材が流れ作業で組み立てればよいばかりになって出てくる様をみて、こんな国と戦争すれば負けると思ったと言っていたそうだが、米国の工業力は日本の少なくとも十倍、日本の真珠湾攻撃で航空機の威力を知るや航空機と航空母艦の大増産に着手し、毎月一隻の航空母艦を作ったという。

この他に日本海軍が情報を軽視したということがよくいわれるが、暗号は米軍に解読されており、作戦は全部知られていたという。これでは勝てるわけがない。また、日本海軍はレーダーなどの機器の開発も遅れたという。

他にも終戦に努力された人がいる。たとえば海兵五十五期の藤村義朗中佐だが、駐独大使館の駐在武官補佐官だったが、ドイツ降服のあとはスイスに逃れ（このときユダヤ人の館員を帯同して助けたとのこと。ドイツが降服したあとは、ユダヤ人は自由になったはずと思うが、降服直後は大混乱で、ユダヤ人も危害を用心せねばならなかったのであろう。大使館では戦中、ナチスの圧力の下でもユダヤ人の館員を解雇しなかったとのことであった）、スイスで終戦工作をして米国大使館を通じてであろうか、ダレスから協力をとりつけたので、大本営に説得を続けたが梨の礫《つぶて》だったとのこと。その時スイスに逃れた大阪商船の元ベルリン駐在員津山さんも大いに協力されたとのことだった。私はこの御両人と親しくさせていただいたのでよくお話を伺った。津山さんはこの藤村工作が円滑に行くよう様々の協力をし、藤村さん名の電報もよく打ったと言っておられた。

藤村さんは戦後は新宿駅前で屋台のバナナたたき売りから始めて苦労の末に商社を立ち上げ、神宮の第六十一回遷宮の時、大きな寄付をして下さった。千葉県富津の海沿いにお住いで伺ったこともあった。また、津山さんは戦後、大阪商船は退職。飯野海運に来られ、のち姉妹会社飯野重工の役員としてロンドンに事務所を作られ、私が丁度一九五〇年代後半ロンドン駐在だったので、毎日のように行き来してお親しくさせていただいた。お二人とも忘れ得ぬ方、すばらしい方であった。

国民大半の戦争への熱狂の前には

この太平洋戦争で戦死者、沖縄の戦闘と本土の無差別爆撃や原爆投下での非戦闘員の死者合わせて三百数十万をこえる死者を数えた。

戦死者のうち半数は餓死者であったという。戦陣訓で投降するなと厳命されていることもあって、武器弾薬が尽きたのに徒手空拳で突撃したり、玉砕したり、必ず死ぬとわかった特攻をしたり。戦闘不能になったとき投降するのは戦時国際法で許容されているというのに。沈んで行く艦と運命を共にするのが艦長の不文律だとは。人間性無視という他に、有能な艦長は次の戦《いく》さに使えただろうに。

それに焼野原にされた国土の失われた莫大な資産、北方領土、戦後復興のための大きな努力。これらの無駄に加えて、アジア各地での侵略の汚名と後遺症。これらの明らかな無駄、敗けるとわかった戦争を何故起こしたのか。

歴史は色々の要素が絡み合って一日一日と複雑な動きをする。私のような歴史学の素人にはよくわからない面が多いが、とにかく考えてみることとしよう。

明治の開国は、ペリーにおどかされて右往左往の結果だった。明治の人たちは驚いて勉強して、そして謙虚だったと思う。江戸時代までに蓄積した日本独得の文化がよい方向に働いたのだと思う。

富国強兵を国是としたが、日露戦争のときは特別増税の他に多額の内外債をつのり、アメリカの調停を頼んで、セオドア・ルーズヴェルト大統領の助力を得てやっと戦争をやめることが出来た。ロシアにも政治的騒動の内部事情、財政困難の事情があったお蔭もあってロシアは敗戦を認めずに戦争終結となったわけだが、日本国民はマスコミのお先棒によって勝ったものと思い込み、日本海大海戦の完勝に目がくらんでロシアから賠償金をとることに狂奔した。

戦争終結時の日露両国を比較すればロシアのほうが日本より遥かにまだ国力があったのだが、革命が起こる等の内部事情で終結を受け入れたわけで、日本にとって実に危ない綱渡りの状態、講和をまとめた小村寿太郎が批難され、マスコミがその先頭に立ち、多くの国民が賠償金をとれと騒いだこと、後の日支事変、太平洋戦争でもいえることだが誠に悪しきナショナリズムの発露と言わざるを得ない。

海軍の大艦巨砲主義は大海戦の勝利によって長く尾をひくし、朝鮮を併合し、満洲を領土とせんとし、中国と戦争を始める。

陸軍の皇道派と統制派の争いと下克上、海軍の艦隊派の條約派への勝利と良識ある條約派の将官たち（山梨勝之進大将等々）の予備役への追い落し、国会でもこの傾向を防止することが結局出来ず、メディアの提灯持ち等々、そして日本の民衆もこの勢いに踊らされて一気に戦争に突っ走ったという次第だ。

私が鮮明に覚えているのは日中戦争（日支事変といった）で、たしか南京陥落の時だったと思う。大変な塊りの提灯行列が私の家に押し寄せて来た。父は海軍の勤めで、たしか横須賀だったので小学生の私が受けねばならず、渋谷宮代町の家の玄関で三、四十分もかかったろうか、長いこと敬礼していた。万歳の絶えることがなかった。

このような国民大半の戦争への熱狂、開戦へと傾く軍部、戦争を煽ることによってもうけるマスコミの前では、少数の良識ある人々が戦争を回避するのは至難だったのだろう。

今さら言っても負け犬の遠吠えと言われるだけかもしれないが、海に囲まれた仲間の国、英国との同盟を大切にし、日英同盟を解消させて自国の東アジア進出の野望を達成しようとする米国などに抗し、日本の実力からしては到底無理な大陸進出などには手をつけず、ロンドン、ワシントン両軍縮会議では條約派の海軍将軍たちの意見を国是としていれば、日本はこの無駄な廻り道、意味のない大量の人命損失をみないですんだであろうに。

そして、これがもうすんだこと、言っても仕方ないこととすれば、戦後七十年の間に築き上げた日米同盟は大切にすることを教訓として生かさねばならぬであろう。

今次の太平洋戦争にしても、戦後国民全体が自分自身の問題として分析反省したことがあるのだろうか。軍部のみのせいにするばかりで、国民一人一人の責任ということを考えたことがあるのだろうか。

日本人が反省すべきこと

考えるに、日本人には前述したような欧米人の折にふれ討論するという習慣がほとんどない。長いこと働いた英国では顧客を接待するのは大体昼食、そしてその最大のもてなしは会話である。仕事の話やゴルフの話ばかりではなくて政治の話、世界情勢への意見などもしきりに出る。音楽や絵画等の文化、また歴史の話など何か得意なものを持ち、大抵のことには一応の受け答えが出来るのをよしとする。酒を飲んで芸者の踊りをみるのも楽しいが、それだけでは、やはりいけないのではないか。

週末にはカントリーにあるお宅でハイティーによばれ、テニスをしたりするが、やはりしきりに会話を楽しむ。いろんな話題をこなすには普段の勉強、何事についても興味をもって考えてみることが大切なのは言うまでもない。

ハイティーというのは庭で（とは限らぬが）奥さんの手作りのスコーン（ビスケットの一種）と紅茶など、スプレンディッドなどと言って（一種の素養）時を過ごす楽しい思い出だ。

こういった習慣からは付和雷同、群衆心理の影響などは出にくかろう。そして民衆に選ばれる議員は人気投票ではなくて本当に熟慮の末に選ばれる。そうしたら碌《ロク》に考えもせずに主戦を唱えるなど出来るわけがない。また、マスコミも迎合することなく正確な情報を伝えるようになるだろう。世界情勢、日本の本当の国力の分析をする努力をするのではないか。アメリカと戦争すれば必ず敗けると声高に言うことも出来たのではないか。

これからの日本について考えても、徒《いたず》らに誘導したり、圧力を加えたりするのでなく、情報を十分に公開して皆で議論してこれを取り上げる議員を通じて国政に反映させてゆく、本当の民主主義を育ててゆかねばならぬのではないか。

文明国のドイツやイタリーが、ナチスやファシストに同調したというのは信じ難く一考を要するが、これに簡単に同調した日本は、また何とも言えない。

欧州でドイツにしたたかやられていたイギリスのチャーチル首相がドイツをアメリカに参戦させて、その力をそぐことを考え、そのためには日本をアメリカに立ち向かわせて、同盟条約によってドイツがアメリカに宣戦するのではないかと考えルーズヴェルト（フランクリン）に焚きつけたとの説があり、ことさら強硬なハルノートを突きつけたのだという。そして、日本が真珠湾無通告襲撃をしたので、厭戦の民衆が戦う気になったとルーズヴェルトが快哉を叫んだという話があるが、アメリカの民衆は大半が戦争反対だったのは事実だろう。工業先進国アメリカにも戦争は大きなデメリットになるわけだから。この話が事実かどうかはよくわからぬが、事実ドイツは日本参戦後、アメリカに宣戦した。

尚、無通告爆撃については駐米大使館で夜の宴会があって暗号翻訳が遅れたとかの話だが、東條首相は不意打でなければ勝目はないと言っていたとか。打ち合わせて遅らせたのだという説もあるようで、そういえば日本は、鵯越《ひよどりごえ》の逆落しとか桶狭間の戦いとか不意打は得意だった。この駐米大使館員が栄進を続けたというのも、一寸《ちよつと》不可解ではないか。

日本国民の碌に考えもせず大勢に流される付和雷同性、融通無碍、日本人の精神的構造の欠点といってよいかもしれない。正確な十分の情報を求めて合理的現実的な判断に力《つと》めることが大事だと思う。マスコミに煽られ、碌に考えもせずに熱狂したこと、大いに反省せねばならないだろう。合理的現実的な判断が大切なのであって観念論、八紘一宇とか神風とかに踊らされてはいけないと思う。

この国民の熱狂の前には昭和天皇はじめ海軍の三羽烏他、如何に努力してもだめだったわけだ。

参謀本部や軍令部の主戦派が力を持つのを容易にさせたとも言えようか。戦後七十年たった現在でも経済社会等でみられる妙な縦構造、それに伴う自主独立の横関係の阻害など反省が必要だと思うが。皆で考えてきちんと処理するということが不得手なのではないか。

こんなことを書いて不快に思う人もおられるかもしれない。しかし少なくとも、こうした無意味な戦争を始めて大きな被害を受けたということの事実は動かせない。反省せねばならぬであろう。

立派だった日本人――醍醐忠重海軍中将のこと

こんな立派な人もいたという、もう一つの例を書いておこう。

それは私の学習院幼稚園からずっと同級、海兵では同期同分隊だった醍醐忠久君の御尊父、侯爵醍醐忠重海軍中将のことだ。

忠重さんは明治二十四年のお生まれ、井上校長の三期下四十期生だが、戦時中ボルネオ・バリックパパンの司令部司令官の頃、陸海軍兵士百五十人ほどが守備するポンチャナックという町で日本軍が劣勢とみるや、在住華僑が日本軍守備隊を圧伏しようと動き出したのを処分した責任を問われ、ポンチャナック・オランダ軍事法廷でわずか三時間の審問で死刑宣告、昭和二十二年十二月六日銃殺された。

醍醐中将は、戦後、戦死した部下の遺族を巡訪してすまなかったと言って廻られたが、その最中にオランダから戦犯として指名され、ポンチャナックに送られた。次の点、特筆しておきたい。

一、醍醐中将は治安維持、防諜等の特別警察任務の命令系統の長ではなく、警備任務の長であり、治安維持については第二南遣艦隊司令長官が長であって、弁護士がこれを証拠として呈出しようとしたところ、中将はこれを拒否。また、華僑処分は派遣隊長独断であったものを、すべて自分一人で罪に服そうとされた。

一、現地住民が蜂起すれば、百五十人の小部隊は一たまりもなく殺されるだろう。派遣隊長の処置は致し方なかったとも言えよう。

一、戦後インドネシアではオランダから独立しようとの風が起こりかけており、オランダ側が日本人を殊更強く処分することによって住民の歓心を買おうとしたとの説もある。また、オランダ軍事法廷の裁判官は日本軍の捕虜だった軍人で構成されていたというのもいささか公平を欠くとの考えがある。

一、中将の裁判も処刑も住民に公開し、亡骸は放置され、後に日本人収監者たちが柩を手配し埋葬したという。何年かたって忠久君が許されてこの刑場に行きお骨を持ち帰った。

一、中将は部下にも、また多くの人々にも慕われた温厚篤実な方で、オランダ側の刑務所長もそのお人柄に感歎し、法廷に対して非常に有利な人格証言を行ったとのこと。私は醍醐中将に、忠久君と共に昭和二十年五月か六月の一日、呉でお目にかかったが、実に温かな方との印象がいまだに忘れられない。

刑務所では日本人収監者たちの話をよくきいてやり、日々を静かに泰然自若として過ごされ、手紙は一通も書かず、処刑前日に御遺族に遺書を書かれた。処刑のときには、銃口を向けられてから国歌を歌い、天皇陛下万歳を三唱し、目隠しもなしで従容として死につかれたという。

日本の軍人にも色々の人がいて、保身に汲々とした人も多かったろうが、こうした方もおられたという事実を残しておきたいと思った次第だ。

欧米と日本の被害に対する反応の違い

ここで欧米人と日本人との被害に対する反応を一寸《ちょっと》比較してみよう。

私は英国で七年間ほど会社の駐在員生活をしたが、英国人は恨みは三代忘れないという言い方があると聞かされた。実際戦後十二〜三年しかたたない一九五七〜八年（昭和三十二〜三年）のことで無理もなかったかもしれないが、日本軍による残虐映画のかかっている映画館の前で日本人が暴行をうけたりした。パブで飲んだりしていて日本人かと聞かれたら、いやチャイニーズだと言ったほうが賢明だといわれていた。飛行場で荷物検査の時、日本人とみるやシンガポールで捕虜だったというオフィサーがやって来て、荷物を全部放り出して難癖をつけるのに困ったものだ。

こうしたこと、今の人々にわかるのだろうか。日本の国際的地位が上がるにつれ、日本人への風当たりが時とともに変化する。そして日本人が苦労しなくなると判断を誤るおそれがある。こうしたことが伝わらなくなると非常にまずい。

また、デンマークで三年半ほど過ごしたが、単身の時に暮したペンションの女主人が、日本人はどうしてアメリカ人と仲よくするんだ、理解出来ない、我々はドイツ人を憎んでいるのに、と言われ答えに窮した憶えがある。実際、ナイトクラブの前でドイツ人が擲《なぐ》られているのをみたことがある。デンマークは経済関係等ではドイツなしではやってゆけないから、表向きは協調しているのが現実だが。

これに対し、日本人は事柄にもよるが、恨みは水に流して、いつまでもひきずらないのをよしとする傾向があるように思われる。昭和二十年八月十五日を過ぎるとマスコミも鬼畜米英から豹変してアメリカ様々、ウエルカムとなったが、これは国民は心底では戦争に批判的であったのか、敗戦の頃には本当に参っていたからなのか、この水に流すという風習に早くも流されていたのか。

水に流すというのは最終的にはよいことの場合もあるが、被害者が十分に納得してからでなければなるまい。戦後の日本の状況から考えると、アメリカとの安保協定の下でなければとてもやってゆけない現実からみて、また、明治以後の歴史の中で米英と事を構えたのが間違いであったことを思うと、結果として当然の選択と言えるのだろう。もちろん言うべきことはきちんと言うべきではあるが。

欧米と日本の被害に対する反応についての文化の違い、どちらが自然なのか、好ましいのか、また、どのように対処してゆくべきなのか議論の生ずるところであろう。

効率より精神ばかりを優先した誤謬

ここまで海軍のことばかり書いてきたが、戦争は陸軍と海軍でやったのだし、陸軍の生活と戦闘とを経験した私の親しい友人の講演録を御本人の了承の下、一部引用させてもらうこととする。

この人は私の元々二級上だったのだが、戦後復員が遅れた関係で高校で一緒になった上原尚作さんだが、尚友クラブというクラブの昼食会でした卓話の引用である。私は出席しなかったのだが、会報にのった講演録を娘が読んで感銘し、私も読んで、御本人の了解を得てここに入れるのが適切と考えた次第である。

〈旧陸軍の幼年学校は、精神教育に非常に力が入っておりました。「天皇帰一」と、国のために喜んで命を捨てる覚悟を修養する場として位置づけられており、明治十五年の「陸海軍軍人ニ賜ハリタル勅諭」が、何かにつけて引き合いに出されました。この勅語は、中央集権の体制をつくらなければならぬという山県有朋さんの熱心なご心配によりできたものですが、冒頭部分に、「我国の軍隊は世々天皇の統率し給ふ所にそある昔神武天皇躬《み》つから大伴物部の兵《つわもの》ともを率ゐ中国《なかつくに》のまつろわぬものともを討ち平け給ひ云々」とありますように、「陸軍は天皇の直接統率し給う軍隊だ、上官の命令は、天皇陛下のご命令だと心得よ」ということで、これを後々、昭和の軍人さんが持ち出して来て、統帥権の独立ということで、自分たちが日本の国を動かすための原動力にこれを据えてしまったところが問題になったわけでございます。

（中略）

……あるいは敗戦が予測確実となった場合、停戦に向けての対応をとれる軍人は、現実にいたのでしょうか。私の考えですが、太平洋戦争の始まる前の昭和14年にノモンハン事件という事件がございました。満洲の西のほうで、ソ連と蒙古の連合軍に対して日本が戦って、めちゃくちゃにやられて一個師団がほとんど壊滅状態になりましたが、その戦闘を主催した辻政信、服部卓四郎などの関東軍参謀たちは、ボロ負けに負けたことを認めませんでした。

ところが、東京の参謀本部の作戦第一部長であった橋本群という中将は、「中国でにっちもさっちもいかない状態のときに、占領したからといって得にも何にもならない野原の満洲でこんな戦争を始めて、何になるんだ」と言って、天皇陛下の大命をいただいて、頭ごなしに停戦にしたお蔭で、ノモンハンを停戦することができました。しかし太平洋戦争の場合には、それだけの度胸のあるジェネラルがいなかったということでしょうね。ズルズル、ズルズル、負ける、負ける、負ける……と行って、結局最後、原子爆弾が落とされるところまで行ってしまったということです。

（中略）

日本陸軍は、やられっ放しでは具合悪いからというので、敗色濃厚な昭和19年の秋に、風船に爆弾を吊るす風船爆弾をつくりました。本当に悪戯みたいなことですが、福島県の勿来《なこそ》、茨城県の大津、千葉県の上総一宮という九十九里浜の海岸の3カ所から、実際に合計9000発ほど放しております。もちろん目標なしに飛ばすのですから、森や山のなかに落っこったりしながら、それでも1割はアメリカ本土に届いていたということです。

（中略）

アメリカの爆撃機はスキップ・ボンビングという攻撃法をとりました。海の上を低空で飛びながら爆弾を落とすと、その爆弾がチョン、チョン、チョンと跳ねて行って、輸送船や敵の船の舷側に当たり、船が沈んでしまうわけです。魚雷だとスピードが遅くて敵の船に回避されてしまうのですが、スキップ・ボンビングでは敵の船が逃げきれない。現に八隻も沈められていますから、おおいに効果があるというので、それ以後日本の爆撃隊も、浜松の重爆は遠州灘で、茨城県の鉾田の軽爆は鹿島灘に出て行って、スキップ・ボンビングの練習をしていました。

しかし、これも風向きとか波の高さなど、アプローチの仕方によって爆弾が敵の船の上を飛び越してしまったり難しいので、かなり練習をしていたのですが、昭和十九年十月にアメリカ軍がレイテに上陸したために、海軍の大西瀧治郎さんが例の有名な「日本みたいに少ない飛行機で敵の艦隊に打撃を与えるためには、体当たりしかない」ということで、ご承知の神風特別攻撃隊が出てまいりました。

それに対抗して、陸軍でも特攻隊を編成しようと。海軍は戦闘機ですが、何故か陸軍は爆撃機を使いました。爆撃機の重爆のほうは「富嶽隊」、軽爆のほうは「万朶隊《ばんだ》」という名前がついておりますが、十月二十六日に浜松を出発して、一路マニラ郊外のクラーク飛行場に向かったわけです。しかし、爆撃隊隊長の西尾少佐はフィリピンに行ってからも、「長い期間かけてせっかくスキップ・ボンビングの練習をしているのに、体当たりでなきゃいけないというのはどういう訳だ」と、しつこく上に対して抗議をしておられたようです。

（中略）

万朶隊に佐々木さんという伍長がおりました。彼は特攻で行ったのですが、エンジンの調子が悪くて不時着して、十日ぐらいかかって基地の飛行場に帰って来ました。帰ってみたら突っ込んで戦死したことになっていて、要するに「生きている英霊」にされてしまっていたわけです。しかし、万朶隊の将校たちは撃墜されていなくなってしまったので、下士官たちが佐々木さんに非常に同情して、特攻機の仕様を跳飛弾攻撃（スキップ・ボンビング）ができるようにつくり直しました。佐々木さんはその爆撃機で、そのあと輸送船を二隻も沈めているんですね。要するに、体当たりよりも跳飛弾攻撃のほうが効率がいいということを実際に示した例があったということでございます。

（中略）

現在の民主主義という社会、あるいは政治の仕組みというものは、たいへんありがたいとつくづく思います。これはね、極端にいえば危篤の人に付ける救命措置のような感じで私どもは受け取っています。だから私は、選挙というのは自分の命を守る道具だと思っておりますので、投票を見送ったことがございません。

最近は、現政権を「何も決められない政党」と批判する声もありますが、独裁的にパキパキ決められてしまうより、まだいいのではないかという感じで私は見ております。支持する政党がないという話も、「レストランに行って、食べたいメニューがないよ」というのと同じレベルのお話になっているようですが、ベストがなければ次善で忍耐強くやっていくほうがいいのではないかと思う昨今でございます〉

上原さんは航空士官学校に進んで後、生徒たち千二百人ほどと共に満洲に送られ、特攻教育を受けていたが、昭和二十年八月九日ソ連侵攻を受け、当時の八期上の隊長（少佐）がニューギニアで連続負け戦さの古強者で、逃げるが勝ちという考えの持ち主という珍しい人で、いち早く東京に退散の訓令を申請し、自ら偵察機を操縦して周囲の状況を確認した上で複葉連習機等五百機の飛行機ありたけを使って朝鮮（今の北朝鮮）に逃避。あと三日かけて列車で釜山に下り、関釜連絡船で帰国したという。まだ少年の域を出ない生徒たちを教育もまだままならない中途のまま、確実に惨憺たる結果となることがみえている戦闘に投入しようとしていたところを毅然として強引に連れ帰ったわけである。一日遅れたらソ連抑留だったとのことである。

満蒙開拓団の人々までは救えなかったのは実に残念なことである。この人たちはソ連軍によって陵辱、虐殺、労働力あるものはソ連に連行抑留、長期の非人間的労働によって約三割死亡ということで、日本に逃げ帰れた者は少ないというひどいことであった。

特攻突撃で生き残った海軍士官の逸話

戦後、学習院に戻って高等科（旧制）に入ったが、同級になった人の中にこの上原尚作さ

高松宮宣仁親王が海軍兵学校に来られた折の記念写真。
前列左より、高田榮、福村省三、井上成美、賀陽宮治憲王、高松宮、私、高柳儀八、山内豊中（別当）、永橋為茂。後列左より、中川学、中村乙二、前田寛次、勝原維顕、多久丈雄、仙波繁雄、小田切政徳、福地周夫、仲繁雄の各氏（昭和19年3月23日）

んの他に陸海軍から復員した人が七～八人いてそれぞれに思い出があるのだが、大学から入ってきた海兵七十三期、私の四期上の長谷川薫さんのことを書いておこう。

長谷川さんはレンゴー紙器（後レンゴー）というダンボール製作最大手の会社に勤務、経営トップを歴任、この会社を安定成長させた、とても評判のよい方である。

七十三期というと私が準備教育のために江田島に行って一週間ほどで卒業（天皇の御名代《ごみょうだい》で高松宮が卒業式に来られ、一緒の写真もある）した期だが、昭和二十年沖縄戦で銀河（最新の爆撃機）に乗って特攻突撃をし、どうせ死ぬのだとシートベルトをしていなくてそれがよかったのかもしれないと笑っていたが、撃ち落されて浮いていたら、丁度米艦隊の旗艦の直前で、司令長官があれを拾えと命令して駆逐艦に救助された。そしてハワイで捕虜生活を送り、一度逃げ出して泳いでいたら、またつかまって観念したとのこと、もっとも御当人はそれはデマ、尾鰭《おひれ》だと言っていたが。

その後、この駆逐艦乗組員を中心に（司令長官にも会ったとのことだったと思う）米海軍との交流が死ぬまで続き、毎年のように米国出張の時にミーティングをしてくれ、彼らの子弟を日本に留学させて面倒をみたりもしたようだった。

海軍同士は不思議と仲よくなるもので、海兵卒業時の遠洋航海などではお互いに歓待したようだ。

似たような勤務、生活がそうさせたのか、私もシドニー勤務の時、海上自衛隊幹部候補生の遠航が来た時、駐在員のネービー会（十数人いたが、うち七～八人は海兵、海経出身だった。時の大河原良雄大使も短期現役士官だったので会員だった）でアテンドしたが、豪州海軍もとてもよくやってくれた。

シドニー湾攻撃の後に行われた海軍葬

この長谷川さんの話から思い出されるのが日本海軍の特殊潜航艇のシドニー湾突入、魚雷攻撃の話である。

これは開戦後半年ほどの一九四二年（昭和十七年）五月三十一日夜半、日本海軍の伊号二二、二四、二七号潜水艦からそれぞれ一隻の特殊潜航艇が発進し、シドニー湾に潜入、一隻は防潜網にからまって自爆、一隻は米国大型巡洋艦シカゴを狙って魚雷二発発射、命中せずに宿泊艦クッタバルを沈没させ、豪州兵十九名、英兵三名を戦死させた。帰投中追って来たシカゴに爆雷撃沈された。あとの一隻は攻撃不成功で爆雷により撃沈された。

豪州軍は帰投中撃沈された一隻（のち二〇〇六年になって発見された）を除きシドニー湾底から引き揚げ、二隻の残った部分をつなぎ合せて、戦争への募金のため豪州南東部を四〇〇〇キロにわたって巡回展示した後、翌一九四三年四月首都キャンベラの戦争博物館に展示、最初は屋外展示で随分いたずらされたので屋内展示に切り換え今日に至っている。私もシドニー勤務のとき見学した。

そして、当時のシドニー要港司令官ジェラード・ミュアヘッド＝グールド海軍少将（Rear Admiral Gerard Muirhead=Gould：英国海軍軍人）は多くの人々の反対を押し切ってこの二隻からの四名の遺体（松尾大尉・中島大尉・大森一曹・都竹二曹）を海軍葬とし、遺灰は日本人外交官や民間人を日本へ移送する交換船鎌倉丸で横浜に送った。

この時グールド少将は葬儀のあとラジオで演説し、毅然として豪州国民に訴えた。その一部が今も伝わっている。私は議会での反対に対する証言と理解していたが、どちらでもよかろう。左記しておく。

「このような鋼鉄の棺桶で出撃するためには、最高度の勇気が必要であるに違いない。これらの人たちは最高の愛国者であった。我々のうちの幾人がこれらの人たちが払った犠牲の千分の一のそれを払う覚悟をしているだろうか」

のち二〇〇六年になって発見された残り一隻の乗組員は伴中尉と芦辺一曹である。また、一九六八年に戦争博物館長の勧めで松尾大尉の母親（八十二歳）が博物館を訪れ、暖かく歓迎された。

この海軍葬の話は豪州では年寄りの間ではいまだに折々話題になり、私がいた時も数回きいた。親しくなった一人は「フランクリー（遠慮なしに）にいえば日本はあまり好きではないのだが、お前は別だよ、あの連中には本当に感心する。誰にも出来るこっちゃない」と言っていた。

尚、一九四二年（昭和十七年）一月、日本陸軍がマレー半島南部の山岳地ゲマスで数日間豪州軍と激戦を繰り広げ、双方に多くの戦死者を出した。敗走の連続だった英軍とは様子が違った。日本軍は豪州兵たちの勇気を賞賛し、敬意のあかしとしてジェマールアンのはずれの丘の斜面に豪州兵二百人の墓を作り、一本の巨大な十字架をたてた。

シドニー湾での手厚い葬儀はその返礼だったのかもしれないとも言われているが、この日本陸軍の行為は称賛されるべきものであるとしても、この海軍少将の行った海軍葬は自然の自発的な意向によるものだったと私は思う。

同じ戦争中の話だが、豪州北岸ダーウィンに近いカウラにある収容所に千人以上に及ぶ日本兵捕虜が入れられていた。彼らは捕虜であることの罪の意識「生きて虜囚の辱《はずかしめ》を受けず、死して罪禍の汚名を残すこと勿《なか》れ」という戦陣訓のままに、恥辱にたえかねて、一九四四年（昭和十九年）八月五日集団脱走して、二百三十一名が射殺され、豪州監視兵も四名死亡した。

カウラに彼らの墓地が作られたが、戦時中はアテンドする人もなく相当に荒れていたのを戦後しばらくして豪州退役軍人会カウラ支部の会員が気付き、清掃と管理を行うこととした。一九五五年になって日本大使館員が訪れ、一九六二年に戦時中豪州各地で死亡した日本人を加えて五百二十二人の日本人墓地として整備、一九七三年には捕虜脱走記念博物館と日本庭園の建設が豪州政府に承認された。私もダーウィン出張の折に墓地を訪れて献花したが、現地の人によるのであろう、所々に花が手向けられていた。

第三章 戦い終って

——靖国神社と皇籍離脱

旧制高校から新制学習院大学へ

茫然自失の日々、しかし、宮代町の家に帰ってしばらく、そうしてはいられない、はてどうしたものかという時がやって来た。

私の学習院の同級生は高等科（旧制高校）一年に進んでいたから、そちらに戻ろうということになった。文科も理科も甲乙丙とあり、甲は第一外国語が英語、乙は独乙語、丙は仏蘭西語で、第二外国語は甲の場合、独乙語か仏蘭西語の選択だった。私は海兵では英語を除けば理科系の科目が多くて身近なものになっていたから、大して考えもせず、それまでの波に乗ったまま理科甲類に入った。

しかし、しばらくするうちに自分は理科系ではなく文科系の人間だということに気がついた。誠にお粗末なこと、このように人生を送るのに大事な問題を碌に考えもせず理科に入ったこと、しかし今さら仕方なく、翌年の四月文科甲類一年に転科した。

私がすんなりと初めから文甲に戻っていたとしたら、高三を終った時にまだ学習院大学は出来ておらず、他の大学を受験せねばならず、私の人生の進路も変わっていたかもしれない。しかし一年遅れたために、昭和二十四年に高三を卒業した時に学習院大学が出来、受験はしたが合格して学習院大学第一期生となった。

この時の私の気持ち、今は必ずしも同じではないが、この敗戦に至る日本の歴史の中で、何か大きな役人グループの流れといったものがどうしようもなく働いて、この惨めな状態をもたらしたのではないかという気持ちの引っ掛かりがあって、そして海軍は懐かしい存在ではあるものの、このグループの一員だという考えが私の頭を占めて、友人たちがその道を選ぶ東大法学部の受験には二の足を踏んだ。もちろん受験して合格したかどうかはわからないが、一年前に卒業していたら他の大学を受験せねばならず、切実な問題としてどうしていたか。いずれにせよ、この文転したことなど、私が如何に坊や、世間知らずであったかの現れと言うべく、自分のことは自分でしっかり考えねばならぬという当たり前のことを怠ったという誠に恥かしい次第である。

反感を持たれたショック

大学に入るまでの数年間の出来事で思い出に残っていることを二〜三書いておこう。

その一つは宮代町に帰って来て間もなく、表門（今でも残っている）を出た向かいの家が一〜二軒、失火で焼けた時のことだ。

世間知らずの少年だった私は母に乞うて、なけなしのストックの中から何がしかの魚の缶詰をその焼け出された家に持っていった。そしたら大変喜ばれて、おばさんが礼装でお礼にみえたようだった。私は当時、車で登下校していたのだが、表門を出て右折してその家の前を通る時、焼け跡の整理をしているおじさんがにこにこして挨拶してくれた。

ところが二〜三日たつと、向こうを向いたきりか、一寸《ちょっと》刺のある目付（私がそう感じただけかもしれない）で見返すではないか。

私は一寸《ちょっと》ショックでどういうことかと悩んだ。つまり、なけなしのストックの中から上げたとは思わずに、当時容易に手に入らないものを食べて贅沢して自家用車で登下校していることに対する反感が、缶詰をもらったことでかえって増幅したのであろう。思えば無理もない。その頃、車が信号で止まったりすると、中を何者だという一寸《ちょっと》鋭い目をして覗き込む人もいた。

私の家が人と比べて特に贅沢をしていたわけではない。財産税をとられ、臣籍降下即収入が絶たれて竹の子生活が始まろうとしていたわけだから、他の皇族ではどんどん人減らしをしたところもあったようだが、私の両親は人のよいところがあり、また、急にやめさせては困るだろうと思って首を切ることをせず、決して楽ではなかった。しかし、それはわからずに反感を持つ人もいたのであろう。

寄付ということ

この焼けた家に缶詰を贈ったことから、最初ははっきりしないものの、ずっとどこかに問題意識が残って、今日、ロータリアンとして奉仕活動をする中でも色々と考える。

人の苦しみを見て、物を持たない人がなけなしの物の中から何がしかの物やお金を援助に差し出す。これは純粋に感謝されるであろう。しかし物持ちの人が僅かしか援助しない時、また沢山援助する時の反応はどんなものか。ロータリークラブのように多くの会員が出しあって援助する時は問題ないのであろうが、個人がする時には一寸《ちよつと》違って、本当に真摯な思いやりの心がなければ誤解されることもあるということであろう。

飢饉の時のために藩の蔵に米を備蓄するようなことはあったとしても、所謂《いわゆる》チャリティーで気軽に援助するような文化は日本にあったのであろうか。米国の大会社のCEOなどは我々が吃驚《びつくり》するような給料やボーナスを取っているが、一方、割と気軽にチャリティーに大金を出すようだ。ロックフェラー等の名前が頭に浮かぶ。ロータリークラブではビル・ゲイツがポリオ撲滅のため継続的に大きく寄付している。

私の知人でも、山県さんという日本人で戦後アメリカで通信販売のデパートをやって成功し、今は故人だが、老後の活動としてアメリカの大ピアニスト、ヴァン・クライバーンのコンクールに応募する日本人ピアニストを援助していた。よくこれらの若い日本人ピアニストの出発前のコンサートや歓送会によばれて行ったものだ。

日本でも東日本大震災や原発事故被災者のための募金が行われていて、NHKや日赤が代行しているわけだが、色々なケースに気軽に援助金を出したらよいと思う。

考えてみると、人間死んだ時必要なのは畳一畳分のスペース（土葬の場合）、この頃のように火葬が一般的ならば骨壺のための一尺四方のスペースしかいらないではないか。あとの持ち物はすべて寄付してもよいようなものだ。

日本では子孫に美田を残すなどというが、欧米では子供は自分で稼げばよいとして、子供は高校を出ると（金があっても皆が大学に行くわけではない）勤めるなりして一人で稼ぐのが一般的なようだ。そして稼いだ金は自分で使うのは当たり前、でも死んで持って行けるわけではないから、残る金は寄付するのが神様の思し召しというところであろうか。こうした考え方も参考として考えてみるのもよいのではないか。

ロータリークラブの会で曾野綾子さんの講演をきいた。寄付ということが一つの大きなテーマになっていたが、寄付とはお金や物をあげるということだけではないということに、今さらながら気付かされた。

禅宗の雲水が托鉢をするのは食物を差し出す人に喜捨の心を起こさせ、また雲水の修行にもなると了解するが、キリスト教でも、修道僧を裸足にして洗ってあげるという一種の修行があって、ある法王もされたというお話だった。他にも色々の場合があるだろうが、これらは立派な寄付といえるのではないか。相手に生ずる幸せの心、また喜捨することによって生まれる恵みの心、これも一種の寄付といえるのではないか。

そしてあくまでもへり下った気持ち、自分を滅却して相手のことのみを思う心があってこそ、有難く受け入れられるのではあるまいか。それは自分自身のためでもあろう。

開戦の責任は問われて然るべき

登下校に自動車を使うのは間もなくやめ、渋谷駅まで歩いて山手線で通うこととしたが、当時の電車は古い車輛で窓が破れていたり、そして、今の満員電車などとは比べものにならない本当にすし詰めで、駅に止まると乗り降りが大変。また、席があいたら我れ勝ちに坐ろうとして喧嘩というのが当たり前だったが、渋谷駅のハチ公のあたりには戦災孤児が屯《たむろ》していた。その澄んだ眼が忘れられない。

本当に可哀想、だけどどうもしてやれない、じれったい思い、今でも胸にある。でも本当に何もしてやれ

東京駅で屯する戦災孤児たち
(写真提供：毎日新聞社)

なかったのだろうか。

何かあって上野の駅に行くと、地下道には焼け出された多くの人々が寝ていた。戦争の大きな罪、一体誰に責任があるのだろうか。

あの戦争の動機の一つには後進資本主義国日本が乏しい資源で市場を外に求めたことがあり、そして欧米の独占資本主義国の利害と衝突し、軍国主義といわれる形となったわけだが、アジアに市場を求めた際にも友好的なやり方があったであろうし、また直接の戦闘相手、主として米国にも戦争に持って行かない方策がなかったとは言えまい。

いずれにせよ、アジアの国々には大きな被害を与えたわけで、戦争があったために独立出来たというアジア諸国の声も聞かれるとはいえ、罪は免れないであろう。謝罪はすべきと思う。

しかし当然、適正な一線はあって、当方の謝罪を利して過剰な要求をしてくる国があるならばきっぱりと拒絶すればよかろう。大きな被害にも拘らず賠償の要求をしなかった蔣介石総統には深く感謝せねばなるまい。

日本国内だけを考えても三百数十万の無駄な死、被災者の姿、国民の生活苦、あってはならないことは明らかだ。

所謂《いわゆる》A級戦犯の人たち、私は個人的には知らないし、人格的にすぐれた人もいたかもしれない。しかし、最終的に開戦を決定したという意味で罪を問われて然るべきであろう。

一方の連合国の最高指導者の人たちも、奇襲をかけられたから受けて立ったとの理屈のようだが、本当にそうだったのか。戦争回避の可能性はなかったのか。彼らを英雄視するのは、さて如何《いかが》なものか。

日本国民の中にも戦えば敗けると思っていた人が相当にいたのではないか。特に戦力、生産力の智識から考えて敗けると確信している人が軍人の中には相当にいたことと思う。海軍の三羽烏、山梨勝之進大将以下の條約派の士官たち、また陸軍にもそうした人たちがいたことは確実と思われる。彼らが皆体を張って反対すれば、開戦内閣がその決定をすることは難しかったのではないか。

日本人の自己主張の弱さ、周囲を見廻して結局はナーナーとなってしまう特性、国民全体の群集心理、マスコミの煽動、軽易な妄動癖等、日本の気質の文化について厳しく反省せねばなるまい。

靖国神社はなぜA級戦犯を合祀してしまったのか

ここで靖国神社について二つだけ考えを述べさせてもらおうと思う。元伊勢の神宮大宮司、前神社本庁統理という立場からして書くのに躊躇《ためら》う気持ちもあるが、心の蟠《わだかま》りが消えないので書くこととする。皆さんどう思われるか。

一つはこのA級戦犯の問題だが、靖国神社は護国の英霊を祀る神社である。A級戦犯は護国の英霊なのであろうか。

赤紙で強制的に駆り出されて、戦って死んだ兵たちは、戦争に疑問をもった人もいたであろうが、日本の国のため、銃後の人たち、端的に言えば、お母さんや弟妹を護るために身を捧げたのであり、護国の英霊そのものであることに異論を持つ人は日本人、外国人を問わずいないであろう。

しかし、開戦を決定したA級戦犯の人たちが護国の英霊と言えるのであろうか。

厚生省が英霊の名簿に彼らを加えて出して来たことにも問題があろうが、筑波藤麿宮司が合祀を控えていたものを、後任の松平永芳宮司がすぐに合祀したというところ、もう少し考えたらよかったのにと思う。

筑波宮司（山階宮菊麿王の三男。菊麿王の父晃《あきら》親王は朝彦親王の兄弟、父とはこの関係では又従兄、母上が島津忠義三女で父の母と姉妹、この関係では従兄）は学習院の時、父と級が近くて親しくしていた。戦時中は一時海軍に行っておられたが、厚生省が出してきたA級戦犯を本社ではなく鎮霊社という小社（分社）にお祀りして、あくまでも本社の英霊とは別との考えであったようだ。

この鎮霊社には所謂《いわゆる》賊軍の会津の白虎隊死者や西郷隆盛もお祀りしてあるが、面白い考えではないか。これで一件落着と考えておられたようだ。お話しが出来たらお考えをきいてみたい気がするのだが、亡くなられて久しい。残念なことだ。

徹底した平和主義者であった昭和天皇は、個人的には彼らA級戦犯にされた人たちの良さを評価されつつも、合祀には違和感を持たれたようだが、私もこの点同感だ。

神道では一度お祀りすれば元に戻せないという考えがあるが、別座別宮にする手もないものだろうか。神道では人は死ねば神様になるとされるが、仏教のほうでも称名を唱えれば浄土に往生出来るのだし、A級戦犯の御霊もそれぞれが菩提寺に鎮まっているのだから、何も靖国神社に祀られなくてもよかったのではないか。

靖国神社の創立百年記念大祭で参拝される昭和天皇（1969年　写真提供：時事通信社）

ただし、A級戦犯の遺族の方々は戦後随分ひどいことを言われたようで、この方々に一切罪はない。日本人の悪い癖と言わざるを得ない。
このように時代の変遷を経て、いわば弱い立場に立つこととなった人々を、この時とばかり時流に乗って攻撃する類いの一部の日本人は、その幼稚さの割に大きな顔をするという意味で、まさに亡国の民というべきであろう。

東京裁判で論じられなかった三つのポイント

ここで止めてもよいのだがもう少し考えを進めてみよう。

東京裁判で論じられなかった大きなポイントが三つあると思う。

その一つが天皇の責任、次がアメリカの人道上の罪、もう一つが日本の植民地に対する罪である。

まず天皇の責任。連合国の中の多くの国で天皇の責任を問うべしとの声があったが、天皇がマッカーサーに会いに行かれた第一回目に、自分がすべての責任を負うと言われたことにマッカーサーが感動し、天皇の責任を問うことに反対、キーナン検事らもその線で動いたと言われている。どの程度真実なのかわからないし、天皇を日本占領政策上、利用しようとしたこともあろうが、昭和天皇の平和志向ということが知られていたのでもあろうか。

実際、昭和天皇は戦争には常に変わらず反対で、「四方《よも》の海みなはらからと思う世になど波風の立ちさわぐらん」という明治天皇の御製を示されたりして内閣の戦争に向かうのを止めようとされたり、戦争を避けようと努力されたのだが、一方に立憲君主制の憲法にそむかぬことを強く意識され、内閣の最終決定にはノーを言われなかったとのことだ。結果から考えれば専制君主的に反対を貫かれたらよかったのではと思うが、当時のあの情勢を顧みれば結局は無理だったのではないか。

私は成人してからは年に数回はお目にかかり、外地駐在に出掛ける時、帰った時など時々両陛下で食事にお召しいただき、色々のお話しをしたものだが、あのお人柄、自分は無くて人のことだけを気にかける実に珍しい方、国民のことのみをお考えになり、また国民を深く信頼されたお気持ちを考えると、私としてはとても戦争の責任を問うわけにはゆかない。

これに対し、所謂《いわゆる》A級戦犯の人たちは、開戦を最終決定したという点において責任は免れないであろう。私としてはナチスの要人たちと比べて一抹の同情は禁じ得ないのだが。典型的な日本人として自説を強く主張しない、廻りをみるというか、戦えば負けるとわかっているのについに開戦することになってしまった。情状酌量の余地はないと言うべきだろう。

同時に将来のためにも、日本人の国民性についての十分な検討が必要であろう。自分で考えて自分で判断すること。そのための教育がぜひなされねばならぬと思う。

次にアメリカの人道上の罪ということ。広島長崎の原爆投下、大都市への無差別絨毯《じゅうたん》爆撃で実に無数の非戦闘員、ほとんどが老人女性と幼児の人たちを殺傷したこと、本来なら罪を問われて然るべきではあるまいか。

アメリカには戦後のこの七十年、本当に世話になってきた。安保條約の下で安全を守られ、もっぱら経済成長に専念出来たわけでこの点は感謝せねばなるまい。これで相殺されてしまったということか、ほとんど誰も何も言わないようだが、いずれにせよあの原爆の跡、私は江田島にいて東京大空襲は知らないが、本当に悲惨、戦争を憎む気持ちが常に心を離れない。

広島は毎年八月六日に追悼行事が行われているが、戦災死全体の代表として東京大空襲の三月十日にでもこれらの非業の死を心から追悼しては如何《いかが》なものか。そのための施設があって然るべきではなかろうか。

次に日本の植民地に対する罪。太平洋戦争は独占資本主義国同士の勢力争いとみれば、後進資本主義国日本としては自衛戦争であったとの説も成り立つかもしれないが、マーケットを求めて軍の力を背景にアジア各地に進出し、被害を与えたという意味では侵略戦争といえるのであろう。

中国にも朝鮮にも被害を与えたわけだが戦後七十年近くなってまだもめているというのはどうしたことか。被害を与えた事実については謙虚に受け取め、双方からそれぞれ第三者的調査の専門の人を出して協同して十分な調査を行い、合理的な検証結果に対して常識的な弁償をして発展的な相互関係を築くということをどうして早い段階にしなかったのであろうか。

朝鮮に対しては包括的な弁償をしてそれで終りとのことらしいが、こうした手続きが欠如しているので、今になってももめているのではないのか。基本條約などはその後でよかったのではないか。

日韓中は歴史の遠い昔から強く影響し合って生きてきた。仏教、儒教の共通の文化圏で理解し合えないはずはないと思う。一刻も早く親密な関係に戻って協調してやってゆかねばなるまい。中国がわざわざ日本以外の遠い国からモノを輸入した例もあるようだが、お互いに損と言わざるを得ない。これを利とするどこかの国々に喜ばれるだけだが、これで一体よいのだろうか。

一方で、中国の毛沢東、周恩来（蔣介石が先か？）は、二元法とやらで、日本の戦争を始めた少数の人とその他の人民とを分け、賠償を課せばこれら罪のない人民が払わねばならないのだから賠償はやめようといって免除してくれた。これは本当に感謝すべきこと、声を大にして言ってよいことと思う。こうしたこと、またアメリカの意向もあって講和條約で賠償が免除されたわけで、日本は感謝しなければならない。

とはいっても日本は植民地またアジアの人々を苦しめた点は自覚して応分の行動はとらねばならないであろう。戦地で施設の工事に徴用して苛酷な労働で死んだ労務者とか捕虜とかを追悼するなども、せねばならぬのではないか。

大切なのは国民全体が心から御冥福を祈ること

日本の戦死した兵たちについても、国を護るために身を捧げた人々を英霊としてお祀りし、感謝することは当然のことだ。よく、戦死した人が「天皇陛下万歳」と唱えて亡くなったか否か、などということを問題にする人がいるが、それは本質を外した議論だと言わざるを得ない。

万葉集の時代の防人の歌などを詠んでみても、「大君」という言葉が出てくるような場合、「大君」という言葉は、大君をいただいた国のかたちと、国民全部を意味しているように感じる。太平洋戦争の時代には「悠久の大義」という言葉がよく言われたが、日本の脈々と繋がってきた歴史、個々人の家族もふくめた日本人全体、さらに日本の国土、それらをすべて象徴するものとしての天皇という考え方であった。「天皇陛下万歳」というのも、そのような考え方が背景にあってのことであろう。つまり、一人の天皇のために死ぬということではなく、やはり日本国民を、そして銃後の自分の家族たちを守らなければならないという気持ちで戦い、亡くなっていったのではないか。そういう気持ちでなければ、私は喜んで死ねないと思う。

さらにいうならば、日本国民を守るためとの信念のために戦って死んだ兵たちはまだしも、武器もなく食糧補給が尽きて山中を彷徨い、飢に倒れたり、病魔に冒された兵たちは本当に哀れである。日本国民としてすまなかった、申し訳ないと詫びなければなるまい。このような兵たちが靖国に祀られているのは何というか、一種の冒瀆といっては言い過ぎか、綺麗ごとに過ぎるといおうか。思うたび涙が溢れてくる。

こうした人たちが靖国に祀られている以上は、直接戦争を始めた人たちには御遠慮願って、日本国民全体がこの戦争の犠牲者たちの御霊の安らけく鎮まりますよう心から御冥福を祈るべきではなかろうか。

要するに靖国神社は、戦死者、純粋のといおうか、戦場で死んだ人たちを、顕彰するのではなくて追悼する神社でなければならない。

このような形の靖国神社であれば、天皇陛下をはじめすべての日本人が、また、日本を訪れる多くの外国人が、丁度アメリカのアーリントン墓地のように拘りなくお参り出来るのではないのか。私もアーリントン墓地には花を手向けたのだった。

先ほど、「自分で考えて自分で判断すること」と書いたが、このことは、中国や韓国など外国から言われたからどうのということではなく、日本人自身が自分で考えて自分で判断していかなくてはいけないと思う。

「賊軍」も祀るべきではなかったか？

もう一つの蟠《わだかま》りは、戊辰戦争や西南戦争の所謂《いわゆる》官軍の戦死者が祀られていることである。皆さんどう考えられるだろうか。

私はこれらの戦争は単なる内戦で、やらずにすむ手もあったのではないかと考える。もし起こるべくして起こったのだとしても、国内的、歴史的な様々の原因から起こった内戦であって、国を護るための戦争であったとは言えまい。

ただ、考えてみれば幕府側はフランスの、薩長側は英国の援助の申し出を断ったのは賢明で、もし英仏の代理戦争の形となっていたら、どちらが勝っても外国の支配を受け、内戦ではすまなくなったであろう。

当時のアジアの情勢、阿片戦争を仕掛けられて英国の勢力下に置かれた清国等の例をみると、日本も全く累卵《るいらん》の危うさにあったわけで、この時期米国との和親條約、通商條約交渉にも当たった幕府の川路聖謨《としあきら》、岩瀬忠震《ただなり》、井上清直、永井尚志《なおむね》等々の俊秀、また勝海舟らの働きは改めて評価されるべきではないだろうか。見事な外交交渉ではなかったかと思う。私は幕末明治維新が幕府側の優勢で進んでいたらどんなだったかなどと考える。歴史のイフの遊びも面白いと思うのだが。

ただ、ここで不思議に思うのは所謂官軍の戦死者だけが祭神になっていることだ。これらの戦争に官軍も賊軍もない、単なる内戦だというのが私の考えだが、護国の戦争ではないということの他に、一方を祀るなら他方も祀るべきではなかったかと考えるのだが。フェアーでないというべきだろう。

靖国神社は歴史的に元華族が宮司を務めてきたが、松平永芳宮司（福井の殿様）が退任する時、何人か声をかけた中に会津の松平保定《もりさだ》さんがいた。保定さんは元私の二級上で亡くなられるまで親しくした方だが、この時の話として、自分はやってみようかなと思ったのだが、家来が、あのお宮には会津の戦死者は祀られていない、受けてはいけません、というのでやめたのだ、と話してくれた。もっともなことであろう。

会津の松平家は他の大藩の藩主が皆公爵か侯爵になっているのに、明治も大分たってから子爵を許されたが、さらに遠慮して容保の末子があとをついでいるのだが、そのお兄さんの系統で今、徳川宗家をついでいる徳川恒孝君の書物を御当人了解の下に一寸《ちよつと》引用させてもらおう。恒孝君は私の又従弟になるが、私の英国駐在（一九五七〜一九六〇年）以来の付き合い、当時父君松平一郎さんは、東京銀行ロンドン支店長でお世話になった。その次男で昭和十五年（一九四〇年）生まれだから、当時は高校生というわけか。のち日本郵船の副社長退任後は世界的な自然保護団体ＷＷＦの日本代表として活躍している。

〈私が戊辰戦争で戦った会津白虎隊の隊員だった方にお目にかかった（というのか、抱っこされたというのかよく解りませんが）のは、たしか小学二年の時でした。当時松平家の祖父・松平恒雄（会津藩最後の藩主で京都守護職を務めた松平容保の四男）は、戦後貴族院が廃止となり（最後の貴族院議長は母方の祖父で後に私の養父となった徳川家正でした）、新しく設立された参議院の初代議長で、渋谷区松濤の我が家には祖父の最大の選挙地盤であった会津の後援会の方々がよく集まっていました（いつも大変な酒盛りだったようです）。あるとき私がチョロチョロと応接間の方に出ていった時に、見知らぬお爺さんに抱き上げられて「名前は何と言うのか？」と聞かれました。

とても薄暗い応接間の前の廊下で、なにやら真っ黒い和服を着たお酒臭い大きなお爺さんに、ヒョイとつまみ上げられて、大変に怖かったというのが記憶の大半です。あとになってこの方が白虎隊の隊員で、年少のため実際に出陣はしなかったお蔭で生き残った方だと聞きました。

（中略）

余談になりますが、会津戦争で亡くなった会津側の戦死者は約三千人、自刃した婦女子は二百三十三人に上りましたが、明治政府軍は埋葬の法要を一切許さず、大きな穴を掘って死体を放り込んで埋め、後に「戦死の墓」という碑が建てられました。「戦死者」とすると人間となる。しかし会津藩の死者は人間ではないから「戦死の墓」とする、という指示だったそうです。また、藩境の山地で戦死した会津藩士の遺骸は放置しておくよう厳命が下されて野犬などに食い荒らされ、二十数年後に埋葬することが許されるまで白骨として残っていました。

戦国時代、合戦のあと戦場に残された戦死者の埋葬は、両軍に従っている僧侶たちの手で、敵・味方の区別なく読経と法要をもって葬られるのが通例だったことから見ますと、官軍とよばれた人々の心が随分荒々しく、死者に対する礼すらも失ったものに変わってしまっていたことが解ります。その遠い延長戦上に、その後に続く多くの戦争があったことが、日本にとっても、またアジアの多くの人々にとっても本当に不幸なことであったと感じています〉（徳川恒孝『日本人の遺伝子』ＰＨＰ研究所）

日本においては、天草の乱の忌むべき殺戮を除いては江戸時代に入ってからは戦争はなく（百姓一揆鎮圧は相当あったが）、戊辰戦争が再開第一号となったわけだ。この戊辰戦争は大きな批判反省材料と思うが、江戸時代以前の戦争は武士同士で戦われ、領地他一般社会的悶着が主な原因だったものが、戊辰戦争では異常な敵対感情がこうした忌むべき現象を生じたものであろう。

大勢の非戦闘員の死は防げなかったのか

これが第二次大戦となると、徴兵された市民同士の戦いとなって、兵器の開発が進んで大量殺人が行われるようになり、ドイツではドレスデンの大空襲等々、ソ連ではドイツ軍の進撃により、スターリンも自国民を随分粛清したようだが、大勢の非戦闘員が殺された。日本軍によっても中国その他で爆撃等戦闘中に多くの非戦闘員が巻き添えになった。日本では沖縄戦で、また大都市の絨毯爆撃、そして最後には広島と長崎への原爆投下で何百万という無辜の住民、老人や幼児が殺戮された。

これほどの殺戮が一体必要だったのだろうか。少なくとも広島長崎の原爆投下がなくても日本は終戦にもって行けたのではないか。ポツダム宣言受諾まで、もう一息だったのに、戦争継続か宣言受諾か内閣で決論が出ず、鈴木首相が記者会見で語った宣言黙殺、戦争完遂という発言（強硬な軍部に対する方便であったようだが）が宣言拒否ととられ原爆投下が決定されたとされるのは誠に残念なことだ。第三国の、または米国の情報組織を利用して何か出来なかったのかと考える。

本土決戦まで行くと米兵二十五万の戦死と日本人百万の死が予想されたので原爆投下は正当だったのだと信じる米国人が多くいるというが、こんな理屈があるだろうか。あれほど諜報の発達しているアメリカが日本の状態、あの危機的状態、降伏寸前の状態を把握していなかったとは信じられない。単なるソ連への示威だったとの説もある。

ただし、このような視点は、他ならぬアメリカ人の良心的な人々、研究者たちから出ている。こういうことを省察している人々もアメリカ人や西欧の人々一般の中にも相当数いる、ということを指摘しておこう。

いずれにせよ戦争をしなかったらこうしたことは起こらなかったわけで、将来のためにも第二次大戦の研究は深めなければならないであろう。

昨日までは敬礼をしたような人が……

それからもう一つ、今の若い人には想像つかないかもしれないが、あの怒濤のような神国不滅、天皇制絶対、国家神道中心の流れが敗戦後一夜にして米国追従、民主主義堅持に一変したわけで、高等科時代にもこうした世相に翻弄された同窓生もいた。

軍出身の同窓生の中で、昨日までは私に会うとパッと敬礼したような人が、今日は横を向き、次の日は反抗的な目付をするといったことがあった。当時、戦時中投獄されていた左翼の人たち、徳田球一、志賀義雄といった人々が解放されて国会等で活躍するようになった。我々は全く知らなかったことだが、天皇制廃止、労働者団結等々、同級生との議論の対象となった。私も『共産党宣言』とかマルクスの『資本論』とかも読んでみたが、なかなか難しくて完読は出来なかった。

この軍出身の人は、こうした風潮の中で左翼思想に同調するようになった模様で、私を前世紀の遺物、天皇主義者ときめつけて、非難の目付に変わったものであろう。この時代、こうしたことはよくあったように思う。この逆の場合もあった。そしてこのいずれの場合も、私を皇室主義者ときめてかかるのだった。

思うに日本人は人を……主義者、この人の考えはこうだと枠に入れて考える傾向があるのではないか。『真相』という雑誌があったが、高松宮にインタビューしたらしく、高松宮がこう言った、これは右翼思想の典型だ、これもそうだと全部きめつけていたのを記憶する。人間には思想の自由があるではないか。

時がたつにつれこうした傾向は柔らいだとは思うが、欧米に比べ日本は不自由という気がする。私は何でも聞き、また読んで自分で判断するよう心掛けているが、極右も極左も国民を幸せにすることはないと考える。

私の一部を作って下さった方々

戦後は、皇族の家では大抵、財政顧問をお願いしたようだが、私のところでは最初日本銀行の結城豊太郎さん、日本勧業銀行の川上直之助さん、日本興業銀行の川北禎一さん、また大協石油の高橋真男さん、宮内庁長官の田島道治さんも一枚加わっていたようだ。

私の代になってからは、この興銀頭取の川北さん、それからその意をうけて興和不動産の佐藤悟一社長が本当に親身にアドバイスして下さり、また弁護士の栄木忠常さんも奔走して下さって、私の家の基盤もしっかりと安定して今日に至っている。

この結城さんの頃から村田俊彦さんという方が補助のような形で家にみえていた。この方は前述した聖徳太子奉讃会の理事でもあったが、安芸の宮島の厳島神社の社家の出で、子供の時、あの海に突き出た舞台で雅楽の舞を舞ったとのことだった。上京して人力車をひいて苦学して一高東大を出、興銀に入って英国駐在の理事支店長など務めた方だが、役所におられるところに行ってお話しするうち何となくうまが合って、私を色々の人に会わせたり、方々に連れて行ってくれたり、一種の教育係のようになった。

当時もう八十を超えておられたが、戦後のその頃は決して豊かではなく、古い大分傷んだ背広を着ておられたが一切気にすることなく、伊豆の下田に連れて行ってくれた時、泊る宿を探そうと有名旅館で「頼もう」と大声で呼び出して宿を頼んだところ、少年をつれて、前後に荷物を引っかけた天びん棒を肩にした老人をみた番頭さんは、「これは金がとれそうにない」と思ったのであろうか、体よく断られた。そして近くのもう一つの有名旅館に行ったら泊めてくれた。そして普通の部屋に通されて休んでいたら、これは不思議なことだが、しばらくしておかみさんがやって来て、「失礼をいたしました。こちらへどうぞ」と言って上等な部屋に案内された。私をどこかで知っていたのか、想像したのか、何も言わないのでいまだに不明だが、翌朝は皆総出で送ってくれた。そしてバスに乗る所でこの村田さんが天びん棒をかついで、来たバスを待たせようと、「おいおい」と言いながら走ったのだった。お年寄りで苦しかったろう。鮮明な記憶だ。

当時はまだ皇族あるいは臣籍降下直後で、何者かわかったら今と違って大騒ぎになるところだから、村田さんと旅行する時は宿帳は村田で通していたようだ。ありのままの世の中をみるという目的のため、また予算は切りつめていたからであって、このハプニングには村田さんも驚き、いささか困ったようだった。この二つの旅館の名前は書かないこととしよう。

村田さんとの思い出はまだまだ沢山あるのだが、名古屋から高山に汽車で行った時、きれいな川の脇を走るのだが、本を読んでいた私に「こういう時は景色を楽しむべきですよ」と注意してくれたこと、禅寺に泊り込んだこともあったが、竹の子御飯がおいしかったこと、帰りがけに中川宗淵さん（東大英文科卒、後に有名な老師となったが当時は何というのだろう、まだ若いお坊さん、村田さんとは古くから親しい友人らしかった）が村田さんが持っている荷物の中から小さな風呂敷包を取って、私に何も言わずに手渡したのだった。私ははっとしたのだったが、これも強烈な記憶だ。この禅の心、おわかりだろうか。

東大経済学部の木村健康《たけやす》先生のお宅に連れて行ってもらったことがあったが、東北大学の経済学部の安井先生は村田さんの親戚のようだった。仙台でお宅に連れて行って下さり、泊ったのではなかったかと思う。

とにかくこの村田俊彦さんは、当時はピンと来ていなかったが本当に世話になった方の一人、私の一部を作って下さった方と本当に感謝している。何でも知っている人との印象だが、特に漢学の素養は大したもので、今の経済人にこうした人はいるのかいないのか。

また、これは祖父邦彦王《くにひこおう》のお蔭と感謝しているのだが、聖徳太子奉讃会の研究給費生は皆、後に有名な仏教学、史学、建築学等の学者になったが、この中の何人かの方とは村田さんを介して親しく指導していただいた。奉讃会は丸ビルに事務所があり、そこで折々この中の先生方が講師となって勉強会が開かれ、私も時々拝聴した。またお宅にも伺ったり、お話をきいたりした方々のうち主な方のお名前を列挙すると、仏教学では花山信勝《しんしょう》、高嶋米峰、久保田正文《しょうぶん》、若林隆光、史学では坂本太郎、石田茂作、仏教建築では大岡實の各先生といったところである。

久保田正文師を先生として法華経を読む会があり、父と二人でよく出席した。久保田さんは奉讃会の評議員、東大とオックスフォード大で社会学を学び、日蓮宗の住職だったがとてもわかりやすく法華経を解説され、英語の社会学の本を下さったが、苦心して読了した。なるほどという本だった。

高嶋米峰理事は東洋大学の学長だったが、しばらくの間、土曜日の午后家にみえて、私に色々の話をして下さった。その中で「無寒暑の処に行け」という話が特に心に残って今でも時々考えてみる。これは由来は忘れてしまったが、寒いから避寒だ、暑いから避暑のため軽井沢に行くといった話ではない。「心頭を滅却すれば火もなお涼し」と言った和尚さんのようにはとても行かぬが、心を鎮めてじっと思いをこらせば、何か向こうのほうにみえるような……。私のような凡人にはとても行きつけはしないが、心掛けることは出来る。もう六十年も前のあの日のこと、高嶋さんの様子を思い浮かべて有難うと言うのだが。

皇籍離脱のこと

この頃の私にとっての大きな出来事は皇籍離脱、臣籍降下だった。一九四七年（昭和二十二年）十月十四日のことである。この前に連合軍総司令部の意向で華族制度は廃止されていたが、皇室は天皇御一家と天皇の弟宮（直宮ともいう）を除いて全員皇籍を離脱し、臣籍に降下することとなった。

私にとって、この臣籍降下ということがどういうことなのか、どんな未来が待ち受けているのかピンと来なかったが、経済、生活規模の縮小ということに当然なって行った。

皇族の意向について、たとえば当時の片山哲総理は、「今次戦争が終結しました直後より、皇族のうちから、終戦後の国内国外の情勢に鑑み、皇籍を離脱し、一国民として国家の再建に努めたいという御意思を表明せられる向」があった旨を昭和二十二年十月十三日の皇室会議で述べたと伝えられているし、加藤進宮内府次長も同年九月三十日の衆議院予算委員会で「皇族が皇族の列を離れるという希望を示されたのは、終戦後間もなく、皇族の中の二、三の方が示されまして、その後もたびたび示されたのであります。殊に新らしい憲法が施行になります前には、ごくお少《ちい》さい方を除きましては、今回皇族の列を離脱せらるべき十一の宮家の大人の方が、ほとんど全部皇族の列を離れる希望を表明されたのであります」と述べたと伝えられる。

今にして思えば、このほとんど全部皇族の列を離れる希望を表明されたというのはちょっと言い過ぎと思われる。当時のＧＨＱ（連合軍総司令部）の意向の尊重、その方向に向かわせようとの考えが裏にあったと言えるやも知れず、またそれは当然であったのかもしれないが。一々書くことは控えるとしよう。

いずれにせよ、戦後間もなくからＧＨＱのジェネラルオフィス（総務部）が中心となって財産税徴収、不在地主からの土地収用、公職追放、財閥解体等々の占領政策が実施されていたが、皇族華族制度の廃止もその一環といえるだろう。天皇は利用するために残したわけだが、天皇制廃止も有力意見だったわけだから理解出来ることである。皇籍離脱に賛成した皇族の方々には、当時の状況からして抗しきれないのは明白だから、ならば自発的にという思いもあったのかもしれない。

皇籍離脱が決まり、昭和22年10月、赤坂離宮（現・迎賓館赤坂離宮）で開かれたお別れの会にて。中央には私も写っている（写真提供：毎日新聞社）

この件について両親とどんな話をしたか定かには覚えていないが、年長の皇族方には反省の弁、また皇族としてならこういうことも出来るのだが、といった話が交わされていたようだ。

今にして思えば、皇室の藩屏《はんぺい》として華族や皇族を設けた明治天皇のお考えを踏まえるなら、「もう皇族をやめよう」というのは、本来そんなに簡単なことではなかったはずだし、私もピンと来ないところがある。だが、これも当時の時代状況のこと。後語りで、どうこういうべきものでもない。

皇籍離脱の折には、昭和天皇の思召しで午餐会が赤坂離宮（今の迎賓館）で開かれた。丸テーブルについたが私のテーブルに皇太子（今上陛下）がおられたように思う。集合写真をとったが、昭和天皇は「元気に過ごして下さい。これからも今まで通りに付き合いましょう」といった意味のことを言われた。

その後、今日に至るまで天皇皇后両陛下を中心として集まる各種の会が年に数回続いている。両陛下のお誕生日や、正月、春と秋などに食事会が行われたり、古希や喜寿などのお祝いの会、御所での少しくだけた食事もたまにあるし、雅楽や音楽のコンサートを聴くこともある。昭和天皇のあの折のお考えは、今にまで受け継がれているといえるかもしれない。

貴族制度についてどう考えるべきか

欧州では第一次、第二次大戦で多くの皇室王室が倒れた。これは欧州の皇王室は専制またはそれに近く、日本の場合は明治憲法で既に専制権力ではない立憲君主制で、いわば象徴的存在となっていたからと思われる。

一方、欧州では王室が倒れた国々でも貴族は依然として大手を振って存在し、ドイツでもフランスでも、縮小はしていてもまだお城に住んだりしている。貴族制度廃止などと言われても抵抗されることが目にみえているので、占領軍も手が出なかったのであろうか。

事実、歴史の流れをみると、人間の集団に階層が出来、集団の頭が貴族階級を構成するようになると、その一番強いのが王になるわけで、基本は貴族階級ということだ。実際ドイツなどでは貴族階級はまだまだ強く、貴族同士で結婚するのが普通で、貴族仲間に相手がいないので結婚しないいんだ、絶家になってもいいんだと言っていた貴族を知っている。英国でポーランドの亡命伯爵が窮乏の末死んだという記事が出ていたが、共産国（当時）のポーランドの貴族が亡命して伯爵を名乗って死んだということだ。その強固な誇り、日本では理解されないことかもしれないが。

欧州人には逆に日本を不思議に思う人がいて、私にも、日本には天皇がいて貴族がいないのはどうしたわけだ、アメリカは貴族のいない希少国だからこういう政策を押しつけたのか、それにしても日本の貴族はよく簡単にタイトルを棄てたもんだな、と何人かに聞かれたのだった。

欧州と日本の考え方、一種の文化の違い、わかるような気がするが、私は議論の種にするのは何か儚《はかな》い気がして話をぼかすのだった。

ついでに聞いた話だが、ロシアがソ連だった時代、高官が日本に視察にやって来て、一様に中産階級なのを見て、「これが我々の理想だったのだ」と言ったとか。もっとも今は格差が大分あるようだが。

また、ある大使館のレセプションに行った時、若い外交官が話しているのに、「日本にはハイソサイエティーがない。変わった国だ」と言っているのが聞こえた。共産国にも上流階級があるのに、というニュアンスのようだった。人間の世界には階級だとか民族だとか色々難しいことがあるものだが、日本にはこの問題がない、または少ないとすると、これはどういうことだろう。戦後の特徴的な問題なのだろうか。不思議な国だと言われても仕方がないのかもしれない。

ただ、皇族であった方々も、一般の市民になって初めて見えてくるものもあっただろうが、その一方で、常に意識において皇室の藩屏ということを忘れず、「人のために」ということを考えて頑張ってきたこともあろうから、そのあたりは、そう単純に「一般の人になって」というのとは少し感覚が違うのかもしれない。それは華族であった皆さんもそうだろう。

さらにいえば、日本は本当に歴史が長い国であり、また、家の歴史を重んじる国でもある。皇族、華族ばかりでなく、多くの人々が自分の家や家業に誇りを持ち、歴史の重みを感じつつ人生を送っているのではないか。歴史の中で、自分はどのような役目を担っていくべきかを考えながら生きていく人も多いはずだ。そのあたりは、外国人には見えにくいところかもしれない。

日本の歴史、さらに各々の家の歴史を背負いながら、国のため、人々のために尽くす。貴族制度などといった「形」よりも、本来は、そういう「精神」を貫くことこそが大切なのであろう。先ほども申しあげたように、昭和天皇のご生涯はその代表であったと思う。

マッカーサーのピアノ

この頃のこと、一寸《ちよつと》面白い話。それはマッカーサーがフィリピンで使っていたキャデラックとピアノ二台（一台は家庭用グランド、シュタインウエイ、もう一台は別のメーカー、アメリカ製のアップライト）が家に来たこと。緒戦の調子のよい頃、これらを分捕り品として日本に持って来たものの、陸海軍の要人、大臣や何かが乗り廻したり弾いたりは一寸《ちよつと》具合が悪かったのであろう。クラシック音楽の好きな唯一の皇族、父のところに来たというわけだろう。戦後もこの小ぶりのキャデラックを乗り廻していたが、ＧＨＱのある第一生命館の前を通ってみたこともあった。

グランドピアノは我々が小さな家に移る時、さる大きなお寺に処分、アップライトのほうは私もまた妹や娘も愛用してきたが、最近になって友人松尾楽器の松尾社長の御好意で、東大の教養学部に練習ピアノとして進呈、弾き初め会でうまい学生がシューマンを弾き、娘も弾いたのだが、その後学生たちに愛用されているようで嬉しいことだ。もっとも、マッカーサーの持ち物だったというのはどれだけ証拠があるのか聞いていないので、変わった話ということにしておこう。

学習院の旧制高校時代、宮代町の土地は国有地として取り上げられ、建物は財産税のため

マッカーサーがフィリピンで使っていた（？）といういわれのピアノ。
東京大学教養学部に寄贈させてもらった（写真提供：東京大学教養学部）

物納して、祖母の隠居所であった常盤松《ときわまつ》の家に皆で転がり込んだ。宮代町の土地は明治天皇にいただいたもので、登記もしていなかったから取られてしまった。他の皇族には登記していた家もあったようだ。まあ、大名家の土地を朝廷が取り上げて廻って来たものだから、返上して当然かもしれない。

この常盤松の家の跡は今コカコーラのビルになっているが、向かいは東伏見宮御殿（その後皇太子〈今上陛下〉が住まわれ、今は常陸宮御殿）、右隣が小松侯爵（元海兵校長）、その向かいが華頂侯爵のお家、そして東伏見宮の反対側が元農大の青山学院だった。二階の私の勉強室から青山学院の校庭を眺めていたら、海兵の時教わった、そして戦後元海兵を訪れた時、英豪軍部隊が駐屯していた元海兵を案内して下さった加藤英語教官と思われる方が歩いておられるのが目に止まった。

この家から渋谷駅経由で目白の学校に通ったのだが、毎朝、宮益坂を上って登校してくる青学生徒とすれ違う。心ときめかす一人の女子生徒がいた。もちろん、それだけの話だが。

母との死別、そして学生時代の終り

この頃のことで一番心に残るのは母との死別であろう。昭和二十二年六月二十八日、おなかに九人目の子供を宿して急逝した。学校に連絡が来て飛んで帰ったのだが、自分としては全く予期しなかったこと、恐らく当人もそうであったろう。妊娠中毒症だったのか、今なら助かるのだろうが。父の夢に別れに来たことは前述した。私が喪主をつとめたが、家では皇族として死んだ最後の人だった。

当時、祖母は健在であったが、一家の大黒柱を失った痛手は大きかった。母は判断にすぐれた人で、あの戦後の難しい時代にもっと長生きしてくれていたら、すべてのことがもう少しうまくいったであろうにと思う。下の弟は三歳になるところであった。子供たちについては、祖母の御用取扱であった長崎佐恵子さんや、前出の木村いち代他が本当に親身に世話してくれたこと、有難く思っている。

高等科の時代はなかなか楽しかった。勉強は楽ではなかったが、当時の旧制高校の生徒が皆およそ同じだったように、我々は朴歯《ほおば》の下駄こそはかなかったが、わかりもしないのにカントの『純粋理性批判』とか西田哲学の『善の研究』とかを読み、やたらに難しい言葉を使って議論したりした。人生とは何か、とか。わかっちゃいなかったとはいえ、後の人生に何かしらを残しているように思う。

音楽は大っぴらにやれるようになって、友人数人と小さなオーケストラ、むしろ室内アンサンブルのようなものを始めた。先輩がだんだん集まってきて一応のオーケストラが出来、シューベルトの「未完成交響曲」とか、ベートーヴェンの八番シンフォニーとかやったのを

学習院長を務められた山梨勝之進海軍大将。海軍次官在任中、ロンドン海軍軍縮条約の締結に奔走された

憶えている。この学習院オケは今も盛んにやっているが、ＯＢオケというのもこしらえて、これも活発に活動しているようだ。

さて、高等科時代の話はこのくらいとしよう。学習院大学第一期生となるわけだが、文政学部政治学科というのに入った。院長さんが山梨勝之進大将から安倍能成元一高校長へと代わり、安倍院長が

東大の教授OBや現職の人たちを大勢連れて来て、まるで第二東大の如きであった。政治学科の関係では田中耕太郎、岡義武、高木八尺《やさか》、尾高朝雄《ともお》、加藤一郎、木村健康諸教授等々。

昭和二十四年から二十七年卒業まで、一応真面目に勉強し、音楽と水泳とに精を出し、帰りには新宿で山手線を下りて武蔵野館とかその隣の二本立て映画館とかによく通った。特筆することもなく無事卒業した。

この間、常磐松の家は相当大きな家で、使用人もまだ多く、先祖から伝わった、また祖父が集めた美術品なども少しずつ処分して竹の子生活を余儀なくされ、縮小せねばならぬとて、新宿区西落合二丁目という所に引越した。その頃の西落合は畠が多い、様子のがらっと変わった土地だった。しかし近所の住人に友人知人もなくはなく、孤独を託《かこ》つということはなかった。

第四章

私の会社員生活

――海外駐在の思い出

海運会社に進む

さて卒業すると当然就職ということになるが、当時、村田俊彦さんは亡くなっていて、山梨勝之進前学習院長が色々と心配して下さり、時々お宅に伺ったりしていた。そしてある時、新聞の切り抜きをみせて、今や海軍はなくなったのだから、海運会社に行ったらどうですか、日本は島国で貿易によって生きて行かなくてはならないのだから海運会社は絶対に必要です、とすれば今一番活躍しているのはこの飯野海運です、と言われた。

その頃、私は役人は気が進まず、一般には銀行が志願者が多かったと思うが、スエズ景気で比較的調子のよい海運会社も割と人気で、百人ほどの同級生のうち六～七人は海運会社に行った。私は山梨院長のお考えもあり、日本郵船も訪ねてみたのだが、結局、飯野海運を受け、入社がきまった。

当時の飯野ビルは日比谷の第一生命館（GHQに接収されていた）の斜向かいにあり、向かいはスバル座（のち日活映画館）、飯野ビルと第一生命館双方の隣が日本工業クラブだった。そしてこの日本工業クラブで入社式が行われた。大学出が十五名、高校出が十数名だったか、そして入社教育のあと私は総務課に配属された。

総務課では稟議書や各種文書の書き方を連日教え込まれたり、色々だったが、株主総会の時、総務部が担当のわけだが、総会屋全盛の頃で、何か文句をつけられたら大変、若い私に中身は知らせず封筒を渡せと命令され、平身低頭差し出すと、若造がフンという顔で反り身で受け取る。やれやれこれも勉強か。

その頃はスエズブームで海運会社も景気がよく、会社がひけるとよく上司に飲みに行こうと言われ、むしろ喜んでついて行った。毎晩のように飲み過ぎて、それが原因かどうかはわからぬが黄疸（A型肝炎）が出て、豆腐としじみの味噌汁でしばらく過ごした。友達ともよく飲みに行ったが、初任給は八千円、二千円あれば銀座で梯子が出来た。これは豪遊の部類、しょっちゅうは無理だったが。ちなみに昼飯のうどんは一杯三十円だった。

算盤を弾いて給料をもらう楽しさ

会社生活にもだんだん慣れた一年後、経理課に廻された。経理課では帳簿書きに明け暮れ、夕方からは山のような伝票を若い課員だけで算盤を入れる。当時は銭まであるから何十何銭まで貸借が合わなければならない。代わり番こに「御破算で願いましては何千何百何十何円何十何銭なり……」とやって一わたりすむと結果を合わせる。私は小学校時代学校で一寸《ちょつと》教わっただけだったが、間もなくついて行けるようになった。

一番頼りになるのは長く経理課にいる女性二人。一人などは算盤なしで目が左右に動いて正確な結果が出るというベテランだった。しかし女性の方はある程度で帰さねばならず、それからが大変。まあ大体、終電車までには帳尻が合って帰れたが、決算の前などは終電が出てからも願いましてはが続き、有楽町駅近くの銭湯に行って机と椅子をくっつけて寝る。朝になって「お早う」と偉い方々が入ってくるといった有様だった。

これは大変と思われるかもしれない。しかし一方で、組合の委員をやって組合大会の下働きをやったり、何というか一種の生甲斐、働いて給料をもらう楽しさといったものも感じていたように思う。何しろ皇族の時代には金を持ったりさわったりしたことはなかったのだから。

陸軍の騎兵隊にいたという人もいて、軽井沢にグループで遠乗りに行ったり、冬にはスキーをかついで満員の三等車の坐席の下に寝て、草津やら野沢やらで週末を過ごしたりの楽しいこともあった。

当時はリフトはまだなく、スキーの裏に滑り止め（シールというあざらしの皮）をつけ、長時間登って三十分やそこらで滑り降りるというわけだった。ゲレンデではスキーを担いで登ったりした。

造船疑獄の飛ばっちり

この頃、私の身辺に起こった大きな事件、それは造船疑獄だった。

徹底的に打ちのめされた戦後、国民の塗炭の苦しみの中から一歩一歩、序々に回復の歩みを進めて行く中で色々の事件があった。国鉄総裁の轢死事件等の血なまぐさい出来事の他、当時騒がれた幾つかの事件があるが、昭和二十七年（一九五二年）サンフランシスコ平和條約が発効し、一方沖縄では米国施政権下の状態が続くのだが、昭和二十九年（一九五四年）一月、造船疑獄事件が起こった。

この事件は前述のような諸事件とは違うが、この時代を代表する事件の一つと言えるだろう。

戦前の六百三十万トンという当時有数の日本商船隊は戦争中輸送船として徴用され、外航船はほとんど沈められた。日本復興は貿易立国しかないわけで、昭和二十二年から計画造船が始まり、七〇パーセントが政府出資の船舶公団から、残りは銀行が貸すという形で大型船舶の建造が始まった。

しかし、朝鮮戦争休戦とともに海運造船業に不況の嵐が吹き、銀行からの融資の利子を軽減するため国が一部を肩代わりする「外航船舶建造利子補給法」の制定を海運業界一致して働きかけることとなった。この法案は昭和二十八年八月国会で可決されるのだが、昭和二十九年一月ふとしたことから海運造船業界と政官界の贈収賄が明るみに出、七十一名に上る逮捕者を出した。

逮捕が自由党幹事長佐藤栄作氏に及ぶ段階となり、検事総長が佐藤氏の逮捕許諾請求を決定したところ、犬養健法相は検察庁法第十四条による指揮権を発動し、検事総長に佐藤幹事長の逮捕の中止を指示。佐藤幹事長、吉田茂首相に累が及ぶことなく事件は詳細解明を待たずに終った。

敗戦後日本政治史の一大汚点との考えもあるが、東京地検特捜部の独走を検察上層部が押さえたのだとの説もあるようだ。

飯野海運はたまたま沈められずに残った外航船が他社より多かったため、比較的回復が早く、当時は日本の海運会社のうち一番収益を上げていたといわれ、私もそれで飯野海運に入ったようなものだが、飯野海運の俣野社長は親分肌の人で、皆が関係しているのに罪を自ら背負ったのだという人もいた。異論もあるだろうが。

ともかく、当時私が経理課にいたことが、この事件の飛ばっちりの末端となる羽目となった。

私は経理課の新米社員だったのだが、検察庁の要請で若い同僚数人と共に重たい元帳を抱えて検察庁通いをさせられた。朝から薄暗い取調べ室で接待費に丸をつけて書き抜くのである。昼メシは弁当持参で公園だか中庭だかで食べたうろ憶えの記憶がある。自分の会社を起訴する証拠集めに協力させられるわけで、割り切れぬものを感じたこと思い出す。検察庁通いは一週間ほど続いたのであったか。

逮捕された七十一名のうち、起訴された主要な被告のうち七名が無罪、十四名が執行猶予付きの有罪判決となった。

若き日の仕事とゴルフ

経理課勤務は二年、必要に迫られて会計学の書物も随分読んだが、次いで営業に廻され、まず近海課に一年、次に遠洋課に移り、入社五年目の昭和三十二年にロンドン駐在員となった。

この近海課では、九州と北海道の石炭を横浜に運ぶ割合が多かった。国鉄向けは省炭と呼ばれてなかなか要求が酷《きび》しかったが、小船なので天候に左右されることが多く、毎日動静表をつけるのだが、色々と細かい仕事で大変だった。

遠洋課では外航不定期船で小麦、石炭等々を世界各地から日本、または三国間に運ぶのだが、毎日採算取りに明け暮れた。

毎日残業なのだが、課長さんが帰らないと、たとえ仕事が終っていてもなかなか帰れず、そのうち課長さんが「じゃあ飲みに行こう」と言うと仕方なし（私も嫌いじゃないから必ずしも仕方なしとは言えないが）に銀座に出掛けるというわけだ。最近の会社では若い部下に「飲みに行こう」と言っても「用事があります」と言ったり、また時間外になると「お先に」と言って帰ったりするそうだが、それが本当だろう。

この課長さんはゴルフが大好きで、遠洋課の連中皆で溜池にあったバーディークラブという練習場に通い（安田幸吉という有名プロがいて、時々みてもらった。また、父と新宿御苑にあった九ホールのコースに行った時、一緒に来てもらってみてくれたりした）、土曜に仕事が終ると皆でよく、千葉のほうにあった東大の検見川農事試験場についている九ホールのコースや月島にあったコースに行ったものだ。今は公園になっているが世田谷の砧にあった九ホールはもう少しあとに出来たのかと思うが、我々の行きつけだった。夜はライトがついてよくやったものだ。

音楽を学びたい

ここらで戦後の私の音楽との係わりについて振り返ると、江田島から帰ってきてから戦前のような縛りはなくなったので、音楽学校に行けないものかと考えた。両親に話すと反対、これからは軍がなくなったのだから、しっかり勉強して世に役立つ人間になりなさいと言う。そしてその代わりに音楽は趣味として大いにやりなさい、として私にその頃最も興味のあった音楽を書くこと、作曲の相談にと父が知り合いだった信時潔《のぶとききよし》大先生に声をかけてくれ、国分寺のお宅に行ってお話を伺った。一寸《ちょっと》書いていたものも持って行ったのだが、藝大を受けてはどうか、作曲科でなくてもチェロ科に行って作曲の勉強も出来るとのことだった。藝大を受けるのは両親が許さない事情を話し、個人教授をお願いしたのだが、歳だしというようなことで、藝大教授の橋本国彦先生につくことになった。

橋本先生も父の懇意な友人だったが、数回、家と鎌倉極楽寺のお宅で教えを受けた後、胸の御病気が重く中断となり、間もなく亡くなられた。

そこで新聞の広告をみて、藝大で文部省認定通信教育をやっているのをみつけて申込み、音楽学、和声学、対位法、作曲法、音楽史といった課目を順次取って行った。音楽学は加藤成之音楽学部長、和声学は下総皖一先生、対位法は後に個人的につくことになる池内友次郎先生、作曲法は長谷川良夫先生だったが、和声学では文部大臣賞というのを文部省でいただいた。昭和二十七年入社した年のことだった。新聞にも出たので書いておく。

私の結婚

さて、入社後五年近くなって、そろそろ結婚せねばということになった。

この頃は男女七歳にして席を同じうせずという戦前の考えの後遺症が残っていて、学習院も男女共学は幼稚園だけ、若い女性の知り合いといえば従姉妹くらいのものだった。当然見合いでなければお話にならないわけで、ぼつぼつ一～二の話が起こりかけていたが結実せぬうち、父の学習院の三級下で、どういうわけか気が合って、テニス、スケート、旅行から音楽まで楽しい付き合いのあった人の三女との話が持ち上がった。

後に義父となるこの人は、父のことをよい方だと言いながらも、元皇族のところに行ったら色々の風習があり、また難しい人たちがいて苦労すると最後まで反対した。高校を出たばかりの末娘を手離したくない気持ちもあったのかもしれない。

私の祖母はこの人ならと言ったし、山梨元院長や長崎佐恵子さん（祖母の元御用取扱）が乗り気になって、特に山梨さんが幾度となく義父の関西の会社や神戸住吉の住まいに足を運んで下さり、ともかく見合をとなり、麻布鳥居坂の国際文化会館でお母さんに連れられたこの人と会った。

大阪に出張した時、クラブ関西で皆と夕食を共にした。その時ピアノがあったので、私がドビュッシーの「月の光」のさわりを弾いた。後々妻は「月の光」で私を釣ったと言っていた。私がチェロを弾くのにも興味があり、また、家で飼っていたシェパード犬の子犬二匹がこの家で可愛がられていたことや、私の祖父邦彦《くによし》王をこの人のおじいさん（義父は養子なので義母の父）が敬愛していたことなどもあずかって、ついに結実ということになった。

今思うとよかったのか悪かったのか。まあ、五十七年も大過なく助け合って続いているのだからよかったとしよう。

妻の祖父が私の祖父を敬愛していたということ、これも縁というのだろう。妻の祖父が私の祖父の急逝の後の斂葬の儀に参列のあと三十日祭の日に大阪中央放送局から謹話を放送しており、気持ちがよく現れているので一部抜粋しようかと思ったが、何分長くなるし、また当時の言い方がわかりにくいと思うので、この事実を記録するに止めておく。

要するに、先述した祖父に近かった人たちが追憶の気持ちを述べているのと同様のことを言っているのだが、妻の祖父は謹話を読みながらも思いに駆られて声涙ともに下り、すらすらと読了することが出来ず、聞くほうとしてははらはらしたとは妻の母の言である。

この他、聖徳太子奉讃会の奉悼集に理事、評議員、その他多くの人の奉悼文、講演録がのっているが、高嶋米峰常務理事の講演録から抜粋しておこう。

〈謹みて惟《おも》うに、殿下英邁にして寛厚、聰明にして仁慈、名分を正し規律を重んじ、純潔を尚《たっと》び和平を喜び、上を敬い下を愛し給いしが故に、側近に奉仕して居る人々は勿論、苟《いやしく》も、一度でも拝謁を賜ったものは、誰でも、畏れ多いことながら、慈父に対するが如き、なつかしみを以て仰いで居たのであります〉

高嶋氏の立場から割引いて考える人もいるであろうが、前後に色々の事実も述べている。

邦彦王妃俔子《ちかこ》の挽歌《ばんか》を記しておこう。

御はふりも　ことなくはてて　帰るさの
いへちさひしき　夕まくれかな

昭和32年（1957）2月16日、私たちの結婚式にて

さて結婚式は、昭和三十二年（一九五七年）二月十六日（披露宴は十七日も）、大叔父にあたる島津忠重御夫妻を仲人として日比谷の東京会館で挙げた。まだ古い建物である。当時のこと、皇族や旧皇族も大分みえた。

戦後数年たって、色々の文化活動が盛んとなって、方々で色々な会があった。父の友人の長坂春雄さんという画家の方は前からよく家にみえては庭でスケッチなどしていたのだが、この奥様が好子さん、三浦環《たまき》のような往年の名歌手。当時としては数少ないイタリーで勉強した方で、以前は藝大で教えておられた。

このお二人の温かいお人柄、時々ふらっと尋ねると、「一寸《ちよつと》いらっしゃい」といってピアノの脇で発声練習。イタリーの古い歌を数曲教わった。皆で夜っぴて歌い明かすクリスマスの晩など、本当に懐かしい思い出だ。

三代続いて駐仏大使という本野盛幸さんのお父上も時々みえていたが、お弟子さんにはサラリーマンや奥さんの他、オペラで活躍しているプロの人たちもいて、この人たち七〜八人の小コーラスで私共の披露宴を飾って下さったのだった。感謝したことである。

駐在員としてロンドンへ

結婚の頃から言われていたのだが、ロンドン駐在員の辞令が出て慌ただしく準備をし、一月ほどして出発となった。何しろ戦後まだ十二年、一応落ち着いたというものの外地赴任は珍しく、英国駐在員は大使館員を含めて約三百人といわれていた（今は万をも数えるのではないか）。対日感情もまだ厳しく、水杯でもないが「気をつけろよ」といった声に送られて草が生えているような羽田の飛行場から飛び立った。

この英国赴任の前、戦後初めての旧皇族の長期滞在ということであったろうか、ちょうど駐英日本大使館に赴任される中川公使と一緒に駐日英国大使デニング氏が我々を千鳥ヶ淵を臨む大使公邸での晩餐によんで下さった。

また、我々の結婚と海外赴任の送別ということで両陛下に、父、東伏見慈洽様御夫妻、東久邇（照宮）成子《しげこ》様、鷹司（孝宮）和子様などの皆様とともにお召しいただき、食事を御一緒しながらよもやま話をしたこと、忘れられない思い出となっている。

飯野海運には航空代理部門があって、オランダ航空（ＫＬＭ）の代理店を引き受けていたので、社員の外国赴任、出張はＫＬＭの路線がある限りＫＬＭに乗ることになっていた。当時はプロペラ機のみ、コンステレーションという飛行機で成層圏は飛べないからよくゆれる。エアーポケットに入ると急降下する。そして給油のため随分降りる。羽田の後はマニラ、バンコック（一緒に仕事をした広岡さんが駐在員でいて、飛行場でバナナを御馳走になった）、カルカッタ、カラチ、ベイルート、ローマ、デュッセルドルフ、アムステルダム、ここまでの所要時間は何と四十時間超。飛行場に降りる度に飛行機から降され、飲み物ティケットをくれて待機、いや疲れた。

アムステルダムのあと、英国機（ＢＯＡＣだったか）に乗り換えてロンドン着、一週間くらいは爆音が耳の中で鳴っていたような気がする。前に一寸《ちよつと》書いた飛行場荷物検査場の元シンガポール捕虜に、私は幸いにも当たらなかった。

ロンドン首席駐在員の杉山さんが迎えに来て下さっていて、最初の晩はケンジントン地区、グロスターロードにあるバッキンガムホテルという小ぢんまりしたホテルに泊った。三月というと日本の芝はまだ枯れているが、英国のベントの芝は青々としている。ホテルの部屋の前の中庭は緑の芝で、とても印象に残った。

それから翌朝ドンドンとノックされてあけたら小肥りのおばさんが「グドモーニング」といってモーニングティーをベッドに乗せてくれた。こうしたサービスはその後ほとんど受けたことがなかったが、古い習慣なのであろう。

書き忘れたが、ロンドン赴任は新妻同伴であった。当時は為替レートは固定レート。英ポンドは一〇〇八円、米ドルは三六〇円だったが、外貨所持は厳しく制限され、許可をとるのが一苦労だった。そして大使館以外の各社とも、首席駐在員以外はほとんど単身だった。

私の場合、父と妻の両親ともに当然のことながら二人で行くことを希望し、父が妻の飛行機賃を工面してくれたのだった。当時いくら外貨が乏しいとはいえ、まだ数少ない駐在員（当時英国駐在員は前述の通り大使館員を含め三百人強といわれた）の赴任費用、給料くらい大したことないのに、政府か会社か随分非人道的なことをしたものだ。

そうしたわけで飯野海運の場合も首席駐在員の他にもう一人いた小松さんは単身、私は単身分の給料しかもらえず、小松さんには悪いし生活は楽とはいえなかった。

考古学を勉強していた老未亡人

ホテルで一夜を過ごしたあと杉山さんがきめておいて下さったフラットに入った。フラットというのは日本のアパートと似ているが、タウンハウスがつながっているような住宅用ビル一列の上下につながった一軒分の区画を、昔は一家で使っていたものを各階ごとに手を入れてキチネット、ベッドルーム、バスルームというように一家族で住めるようにし、これを貸し出すのが一般的だったようだ。私共が入ったのはケンジントンガーデンに近いクイーンズゲート三九番という家で、他にテナントのうちではスイス人夫妻でネスカフェーを考案してあてた人がいて、後に親しくなった。

しかし、このフラットは家賃が高く私の給料の約半分とられ、切りつめた生活をせねばならなかった。首席の杉山さんは当時臣籍降下してまだ十年、体面なども考えてよい場所のフラットを好意的にとっておいて下さったものであろうが、もう少し御馳走もたまには食べたいし、一年後にリースが切れると早速転居してチェルシーに移った。チェルシーにも高級住宅街はあってローレンス・オリヴィエ、ヴィヴィアン・リー夫妻も住んでいたが、イギリスでは道一つへだてると家賃が安いという面白いところがあって、その安いほうにフラットをみつけたのだった。

このクイーンズゲートで一年過ごした間にも幾つも思い出はあるのだが、オウナーは老未亡人で時々お茶に呼んでくれたが、定期的に友達を集めて考古学の勉強をしているのには驚いた。テキストをきめ、毎回順番に読むところをきめて解説をし討論するのだが、実に楽しそうだった。恐らく七十~八十の婆さん連中、考古学とは一寸《ちよつと》ピンと来ないかと思うが、勉強することが楽しいのであろう。偉いものだと感心した。

英国にはこうした人が多いようで、一般の人が暇に集まって学ぶクラスが色々随分沢山あるようであった。

方言は大事な歴史の遺産

それから車のこと。公共交通機関は発達してはいるが、一寸《ちょっと》週末ゴルフに行くとかドライブするのに車はないと不便だ。一番安い小型車は英フォードだったが、大差ない安車でベイビーオースティンと愛称で呼ばれたオースティンの小型、日本のダットサンのような車で一応四人乗り、小さなモリスと大体同価格、給料の五倍程度だった。これをハイアーパーチェス（分割払）で買った。

私は運転免許証を持っていなかったので近くのモータースクールに行った。そして一ポンド払って一回のレッスン、いきなりスクールの大きくLマーク（ラーニングのL）をつけた車で街に出た。ひやひやものでスクールに帰ってきくと、免許証を持っている人が隣に乗ればLマークをつけて運転出来るとのこと、家内が日本の免許証を持っていて、プロヴィジョナル・ライセンスをもらっていたので、家内を隣に乗せて運転をしまくった。ゴルフの往復、週末の遠出、半年ほど後に試験をうけた。ハイウエイコードという小冊子をもらっていて、ざっと読んで行った。

試験官を隣に乗せてまず実技、町の中を走り廻り、スリーポイントターン、バック、急停車などして止まれと言う。そしてハイウエイコードの中の図を指さしてこれは何だときく。さて何といったのだったか柵のような図をフェンスといったら踏切だったのか、試験官はハハハと笑って「これは……だ。この本を読んだか」ときくので、「持ってます」と言ったら、「お前の運転はうまいからユーパスだ。これをあげるからしっかり読め」といってハイウエイコードの本を一冊くれて放免してくれた。

この運転免許をとるのにかかった費用は最初にモータースクールに行って払った一回分の費用一ポンドだけだった。当時は固定相場制、一ポンドは一〇〇八円だったし、日本に帰ってからは、日本はまだ運転免許の国際條約に入っていなかったので筆記試験だけはやらされた。とにかく一ポンド（一〇〇八円）でとったんだといばったものだった。

英国人は実際的というかプラグマティックというか、きちんと運転が出来ればよいわけで、このハイウエイコードという小冊子に書いてあることは大半常識的なことで、私はこの後、一通りは読んで頭に入れたのではあったが、この試験のことを考えてみると、英国らしいというか日本だったらどうだったろうと考えたことであった。英国人は実質的、これは大丈夫となれば進めてゆくというところがあって、そのほうが事はスムーズに動くともいえるように思う。事柄にもよるであろうが。

このベイビーオースティンは私の三年半の滞英中、随分走ってくれた。北に向かってスコ

初めてのロンドン赴任で最初に住んだフラットと、分割払いで買ったベイビーオースティン。このフラットは私の給料の半分かかる住まいだった

ットランドへ、A3という一般道、一寸《ちよつと》広いが信号は結構ある。まだ高速道路はなかったので仕方ない。夜になると金がないので道の脇に止め、家内と一緒に丸まって寝た。週末で時間がないからようやくエディンバラを見物したくらいだった。

このA3を走っていてスコットランドに入る所に立て札が立っていて「ウエルカム・トゥー・スコットランド」と書いてある。帰りには「ヘイスト・イー・バック・トゥー・スコットランド」とある。急いで帰ってこいというのだがイー(ye)は古語でザウ(thou)の複数、きみたちの意だ。今ある高速道路ではお目にかかれないと思う。あっても見過ごすだろう。面白いなと思った。

この他に西のほう、ウエールズからコーンウオール、西の果てのランズエンドにも行ったが、一番の長距離ドライブはドイツからフランスだった。若い駐在員は短い休暇しかとれずイースター（復活祭）の四日の休みでドーヴァー海峡をフェリーで渡り、モーゼル河畔で一泊、翌日は走りづめでライン川畔を遡り、ハイデルベルクで小休止、夜中走ってパリにつき、ソルボンヌで研究していた従兄弟を訪ねて一泊、翌日カレーからドーヴァーを渡って英国に帰った。

ハイデルベルクからパリへの途中ふっと寝てしまい、はっと気がついたら街路樹の手前で急ハンドルを切り、やっと危地を脱したが、あと車をとめて一寸《ちよつと》寝て、パリに向かった。朝日に照らされた田舎の小さな教会が印象的だった。パリでロワイオーモンという僧院の庭がきれいというので行ったら夕方でしまっていて残念、心残りである。

ついでにイングランド、スコットランド、ウエールズ、北アイルランドは、一つの国でグレートブリテンというのだが、歴史的にはアングロサクソンがケルト族を駆逐してイングランド（語源はアングルの国）を作ったので、イングランドとスコットランドは民族が違う。スコットランド（ウエールズ、アイルランドも）にはケルト語（Celtic）も使われている。そしてイングランドとスコットランドのフットボール（サッカー）の試合はインターナショナルマッチという。

スコットランドには昔は別の王家があったが、独立運動のニュースは耳新しいところだ。

スコットランドの礼装では男性はスカートのようなキルトをはく。キルトの模様は日本の家紋のように、やれマクドナルド、スチュアート、マクベス、マッキンレーの模様というようにきまっている。そしてキルトに長靴下、熊皮等の帽子、兵士の服装でバグパイプを鳴らして行進するのをタトゥー（tattoo）といってスコットランドの行事ではつきものだ。

エディンバラでコクテルパーティーに出たことがあるが、スコットランドの英語は所謂《いわゆる》ズーズー弁で、寒いから口をすぼめて発音するのであろう。デンマーク等の北欧語も口をすぼめる他にのどを使って独特の音を出すが、とても日本人には正確な発音は難しい。ズーズー弁というと今は差別語になるのだろうか。私には東北弁はなんだか懐かしいような身近な感じで、全く差別などしている気はしないのだが。

英国には随分と方言があるようだが、私は方言は大事にするべきだと思う。大事な歴史の遺産、生まれるべくして生まれたのだから、標準語をしゃべる一方で方言はどんどんしゃべったらよいと思う。

上から目線の文化事業

こうしたことに関連して、ともすれば差別感を持つようになって有色人種差別などに発展することがあるわけだが、私の英国滞在中の経験について書いてみよう。

私が英国に渡る前、山梨元院長の紹介で英国の駐日ブリティッシュ・カウンシル（英国文化協会と訳すか、各国に支部を置いて英国文化の紹介をする機関。日本にはない）の所長に会って、英国に行ったら本部に顔を出して英国文化に親しむよう奨められた。そこで、英国到着後しばらくして本協会本部に行ってみたら、色々な集会や見学会をやっているから参加するようにとのこと、早速集会に行ってみたところ、勉強に来ている若者が一堂に会して協会の偉い人の話をきくこととなった。

「君たちは英国という古くてすぐれた文化を持つ国で学べて誠に幸せだ。ぜひよく勉強して国に帰り、君たちの国をレベルアップさせねばならない」と言う。一寸《ちよつと》言い過ぎだなと思ったのだが、沢山いた黒人の一人が私のところに来て、「君は東洋人か、今のスピーチを何と思う。僕はアフリカから来たのだが、僕の国だって古いすぐれた文化を持っているんだ」と言う。私は「その通りだ」と言った。

それから別の時、やはり集会に出ることになっていたのだが、会社の仕事が忙しくて熱中しているうちつい失念し、あっと気づいた時はもう始まっていた。だまっていたらすんだのかもしれないが、会場に電話して「ソーソリー、すぐ行く」と言ったところ、「遅れるとは何事だ。ディスオネスト（不誠実）」と女性の部長にどなられた。

私は英国に勉強に来ている学生ではなくて駐在員として働いている身である。そもそも、こうした部外の会合に出るなど無理だったのだ。先方も知っていたはずである。週末の見学会のようなものもあったが、週末は会社の付き合いの他は家内と過ごしたいし、ブリティッシュ・カウンシルのほうは退会することにした。

ブリティッシュ・カウンシルの偉い方々は誠意をもって対応しているのであろう。しかし上からの目線で文化事業をやろうとしても、うまくゆかないのではないか。もちろん、そのへんもよくわかって努力している人もいたであろうが、我々に外国に向けた似た活動があるとすれば心掛けるべきであろう。

私の家内は同じくブリティッシュ・カウンシルの紹介でロジャースさんという奥様にロンドンの博物館や近郊の方々に連れていっていただき、色々の話を伺って本当にお世話になった。御主人は元バンク・オブ・イングランド勤めの典型的英国人紳士だった。

「Big Bang」と「Big Bun」

その頃はまだ戦後十数年で、対日感情もおしなべてよいとは言えぬ時代であった。先にも書いたが、日本軍の残虐映画などが受けて、映画館の前を通りかかった日本人が首をしめられたとか、パブ（居酒屋）で「ジャパニーズか」と聞かれたら「いやチャイニーズだ」と答えたほうがよい、と言われていた。

一方、日英同盟が結ばれていた頃日本にいたとか関係を持っていた年寄りの人たちは日本を懐かしがってよく我々をよんでくれた。駐日大使館の陸軍武官（military attaché）をしていたピゴットさん。今の女王のおじいさんジョージ五世のメアリー皇后の女官長をしていたスウェズリングさん（Dowager Lady）他の方々。ピゴットさんのカントリーハウスでのハイティーは懐かしい思い出だ。

これも前に書いたように、ハイティーというのは奥さんの作るサンドウィッチとスコーンというビスケット、それに紅茶が普通で、週末にカントリーハウスの広い庭でテニスをしたりしゃべったり、友人たちと楽しい時間を過ごすのだが（庭とは限らないかもしれない）、紅茶にはフレッシュなミルク、その量にはそれぞれ好みがあって奥さんが紅茶とミルク入れを両手に持って「ハウ・ドゥー・ユー・ライク？」と聞く。程度を言うとついでくれる。

紅茶についてだが、私は紅茶は英国で飲むのが一番うまいと思う。日本は高価な葉を輸入するのだがどうもコクに欠ける。英国の水は硬水、鉄分が多いせいかなと考える。日本では私はコーヒーか紅茶かと聞かれるとコーヒーと言うことにしている。これは全く私の個人的見解だが。

それからスコーンの大型のビスケットにバン（bun）というのがある。真中が盛り上がった丁度おっぱいのような形なのだが、日本で一九九〇年代、金融関係の「ビッグバン（Big Bang）」がしきりに言われていた頃、駐日外交官連中の中ではやったジョークに次のようなものがあったと聞いた。あまり名誉とは言えないのだが。

「ハトバス（東京に来た観光客がよく乗る観光バス）にアメリカ人と英国人の奥さんが隣り合わせで坐っていた。ガイドが『今日本ではビッグバンというのが流行っていて……』といったところ、バン（bang）を（bun）と発音したので、一人が胸をすくめ、一人がお尻をもぞもぞした」

ここで皆笑うのだが、バン（bun）はその形のためアメリカ、英国ではどっちがどうだったか忘れたが、おっぱいかお尻の隠語なのだ。日本人が bang の発音が苦手で bun と発音してしまうことを笑うジョークなので、日本人としては一寸《ちよつと》面白くないのだが。

まあそういうわけで、一方に日英同盟の友人といった感覚の人がいると思うと、他方にはジャップと言ってさげすむ人もいる（シドニーで私に向かって小声でジャップと言ったおばあさんがいた）。

だが、パブでからまれたからといって怒ってばかりいていいのだろうか。戦争中、我々は米英を鬼畜米英とよんだ。これは一寸《ちよつと》別種といえるのかもしれない。しかし中国人をチャンコロといった。これは米英人が我々をジャップというのと同じような蔑称だ。朝鮮人も一段と見下していたのが一般であろう。中国も朝鮮も歴史上では文明の師であるのに。

国際関係でも「一視同仁」を

同じように世界中に軽重の差はあれ多くのこうした感情が渦巻いている。日本の中でも村八分が、またいじめが。そしてこれは軽い心の動きではあるが、あいつは田舎者だとか、彼はスコッツ（スコットランド人）だとか。アメリカでもインディアン（ネイティヴアメリカン）に対してとか。

この英国駐在の時に考えたことだが、日本人グループはこの逆の心理というか、日本人のみでかたまる傾向があって、私は残念なことに思った。週末は日本人だけでゴルフをやる。もちろん、そうした付き合いも会社の仕事を考えても必要であろう。日本の海運会社は昭和三十九年の集約合併以前で結構多かったし、日本の海運会社の月例ゴルフにはほとんど出た。しかし英国人他を交えたゴルフ等の付き合いも心掛けるべきだったろう。折角外地に来ているのだから、それが自身のためにもなることだ。最近は日本人がふえたので日本人とだけ付き合って、現地の仕事は現地スタッフにまかせ、英語もしゃべらずにすますという人もいるようだが、これは如何《いかが》なものか。

また、こういうことがあった。あるコクテルパーティーに出たところ、ある外務省以外の省から派遣された参事官の奥さんが、外人の中に入って話し込んでいるのを、「あの人はちっとも我々と付き合わない」という声が聞こえた。

こうした一種の人種偏見というか、差別感は人間の宿業なのかもしれないが、開悟した高僧などは本当に「一視同仁」なのであろう。基本的人権とか男女平等とかいっても、こうした宿業に取りつかれている限り本当の幸福、平和は訪れないであろう。国際関係でも一視同仁の気持ちに近づくべく努力して対処してゆきたいものである。

多少は関連があるかもしれないので書いておくが、私は臣籍降下後十数年、日本人社会の中では元皇族という意識が強く、別にそれだけで普通に対応する人が大部分だったが、中には一種の反感をもった人もいた。英国人たちは当然のようにユアハイネス（殿下）とかプリンスは……とか話しかける人がいたが、日本大使館の若い館員で「あの人はもう違うのに、プリンスと呼ばせている」と言う人がいた。英国人にプリンスと言ってくれるなと言うと、どうしてだと不思議がられた。

三十年たった二度目の英国駐在のときはこうした日本人はもういないし、英国人もすべてミスターかファーストネーム（姓名の名）で呼ぶようになっていた。

英国での音楽修行

ここで私の大好きな音楽に一寸《ちょっと》向きをかえよう。英国、ロンドンには大きなオーケストラはフィルハーモニア、ロンドンフィル、ロンドンシンフォニー、ロイヤルフィルとあって私はフィルハーモニアを特に好きだった。オットー・クレンペラーがよく指揮をした。それから米国や欧州各国のオーケストラや室内楽団がよく来て、ロイヤル・フェスティバル・ホール他のホールで多くの音楽会が開かれた。

よい席でも大体一ポンド、コヴェントガーデンでのオペラは一寸《ちよつと》高かったが、我々でも楽しむことが出来た。月平均五回くらいは行っただろうか。

オーストリアのザルツブルク（オーストリア訛りではサルツでザルツと濁らないという）で八月にモーツァルト月間があるが、これも一度聴きに行った。三日間でマチネー（午后のコンサート）一回がウイーンフィル、ミトロプーロス指揮でフランチェスカティのヴァイオリンでブラームスの協奏曲他、三晩オペラでベートーヴェンの「フィデリオ」、モーツァルトの「コジ・ファン・トゥッテ」と「フィガロ」、ウイーンフィルでカール・ベーム指揮だった。

一々のコンサートについて書くと一冊になってしまうので、演奏者の一部の名前を書いておくに止めよう。

一、指揮者　ストコフスキー、カラヤン、ビーチャム、コリン・デイビス、ベイヌム等々。作曲家ストラヴィンスキー、コダーイも来た。

一、ピアニスト　クララ・ハスキル、ギレリス、デムス、バドラ・スコダ。
一、ヴァイオリニスト　スターン、シュナイダーハン、メニューヒン、ミルシュタイン、オイストラフ等々。
一、チェリスト　フルニエ。
一、ギター　セゴヴィア。
一、室内楽　ベルリン、ウィーン等オクテット（八重奏団）、スメタナ、アマデウス他カルテット（四重奏団）。
一、室内オーケストラ　シュトットガルト室内オケ、イムヂチ他。
一、歌手　シュヴァルツコップフ、ヴィクトリア・デ・ロス・アンヘレス、フィッシャー＝ディスカウ、ティト・ゴッビ等々。

英国でも作曲の勉強を続けようと、当時代表的な音楽大学とされたロイヤル・カレッジ・オブ・ミュージック、トリニティ・カレッジ・オブ・ミュージック、ギルドホール・スクール・オブ・ミュージックの三つに行ってみた。サラリーマンとしては休みか夜しか使えない。ギルドホール・スクール・オブ・ミュージックは会社の事務所の近くにあって副校長で作曲主任のウイルソン先生が、それなら昼休みに来なさい、三十分でよければみてあげる、というので週一か二、サンドウィッチを頬張ってかけつけた。

三年の間に英国音大で使われているハーモニー（和声学）、カウンターポイント（対位法）、フーガその他のテキストブックは一応やり終えた。ウイルソン先生はオペラを作曲中だったが、お住まいの地方都市でアマチュアオーケストラを組織して指揮をしておられ、聴きに行ったりした。

フォイルという本屋があるが、音楽セクションにはまず英語の音楽書は余すところなく置いてある。よくここに音楽書を漁りに行った。他の海運関係の本などもよく買った。

週末の過ごし方ではゴルフが一番安かった

ここでゴルフの話が来ざるを得ない。英国はゴルフ発生地というだけあって実に沢山のコースがある。すべての町や村には最低一つのコースがあって、有名コースでもほとんどビジターを一ポンドで受け入れる。自分でバッグをのせて引く道具（英国ではトロリーという）を買って車に乗せておく。この一ポンドの他はパブで飲む一杯のビール（英国ではビターというのをよく飲むが、日本のビールに似たラガーもある）だけで、安くプレイ出来る。

当時は、近くのリッチモンドパークにあるパブリックに家内とよく行った。二シル（シリングの略）六ペンスをハーフクラウンといったが、一ポンドの八分の一、百三十円くらいで何ラウンドでも出来た。一ポンドは二十シリング、一シリングは十二ペンスで、ハーフクラウンという言い方の他にギニー（一ポンド一シリング）という言い方もよく使われた。その頃映画をみても最低三～五シルくらいかかったから、週末の過ごし方ではゴルフが一番安かった。

このリッチモンドパークのパブリックゴルフ場はなかなか楽しめるコースなのだが、途中で野兎が穴からひょこひょこ出て来て遊んでいたりした。

ロンドンから五〇哩《マイル》（八〇キロ）以内のゴルフ場を網羅した解説書があるが一ページに六つくらい、二百ページはあっただろう。千数百はあるのではないか。解説書をなくしてしまって不正確ではあるがとにかく多いことは多い。

日本のゴルフは一組四人が普通で、これはゴルフ場の収入も関係するのかもしれないが、英国は一組二人が普通で、三人や四人で廻っていて後ろから二人の組が来るとすぐパスさせる。「サンキュウ」と手を上げてさっさと通り越して行く。ビキナーや年寄で遅い組はどんどんパスさせて気持ちがよい。

メイフェアー（東京の山の手のような所）に紳士だけの（女性は玄関から一歩も入れない）クラブが沢山あった。この頃セントアンドリュースは古い石造の立派なクラブハウスには女性は入れず、道をへだてた所の簡素な更衣室を使うようになっていた。家内はそこで「今日のゲームはどうでしたか」とフレンドリーに話しかけられたと言っていた。

夏の休暇は英国人は最低二週間はとるのが一般的だったが、日本人駐在員はそういうわけにはゆかず、最初の年はやっと五日間もらって一週間ノルウェーに旅行した。英国人の友人たちはどうしてそんなに短いんだと言うし、安い団体旅行は皆最低二週間の設定なのでうんと高くつく。しかしまあ仕方がない。でも家内と二人のノルウェーは楽しかった。美しいフィヨルド。

あるフィヨルドに面したホテルの古い宿帳には朝香鳩彦《あさかやすひこ》大叔父の署名があった。カウント・アサとあるがプリンス・アサカでは目立つと思ったのか。本当はプリンス（皇族）であるのに、カウント（伯爵）と書いたのだろう。大叔父はしばらくパリにいたのだがこう名乗っていたのだろう。あとで話したら「ああそうか」と思い出したようだった。

家内が長男を身ごもった一九五九年、二人で一週間イタリーに旅しようと計画していたのだが、家内はやめたほうがよかろう、それなら僕もやめようとしたのに、家内は一人でも折角だから行ったら、と言うので、一人で汽車旅行をした。

駆け足旅行なのだが、ナポリでサンタルチアの海岸の魚料理店で夕食をすまし、駅に行こうと歩き出したら、所在なげな日本人如き人が来るではないか。どうしたのですか、ときいたら、いやローマに行きたいのだが、と言う。丁度私も行くところだったので、夜行列車で御一緒した。持田製薬の持田社長、写真撮影のため廻っているとのこと、感謝されて別れ、ロンドンに帰って、客と一緒にハンプトンコートを歩いていたら、またばったりお会いした。

持田さんとは帰国してからも時々お会いしたが、写真集をいただき、私のことも書いてあった。比較的早く亡くなれて心残りである。当時、欧州で日本人旅行者は少なく、持田さんしか見かけなかった。

英国料理はまずい？

英国の駐在員となってから最初の一年弱は代理店ランバート・ブラザースにトレイニー（見習い）として行かされ、五時まではこの代理店の色々な部門で働き、五時過ぎると代理店の連中はパンクチュアル（時間厳守）に帰宅するので、飯野海運のオフィスに行って手伝った。この代理店は主として欧州の多くの船会社の代理店を引き受けていて、その船主の息子たちをトレイニーとして受け入れていた。トレイニー仲間では定期的に昼食会をやったり、仲よしになって、英国勤務後も日本等で会ったり、クリスマスカードのやり取りも数人との間でずっと続いた。

昼メシの時、行こうかといってパブに行くと、大抵パイント（〇・五七リットル）ビターを飲むのだが、一杯飲むと次はマイターンだといって他の一人が一杯ずつおごる。八人いれば八杯、結構酔っぱらう。もちろん飲めないと言ってもよいのだが、イキがって飲んだものだった。

運送契約をとるブローカー部門では、ボルティック・エクスチェインジという会館で荷主側のエイジェントと交渉して運賃その他をきめるのだが、口頭でこれこれと言ってフィックスしたら契約書なしのフィクスチャーノートという一枚の紙だけですますのが一般。信用の商売が徹底しているのには驚かされた。

訪船の仕事も勉強になった。日本でも各港で支店、出張所、代理店がやっているのと同様の仕事なのだが、代理店を引き受けている船会社の大小の船（内航船の中小型船が多かった）がロンドン港に入港すると訪船して連絡事項を伝え、要望をきく仕事である。色々と細かいことがあるが、訛りの強い英語、殊に外国船の船員の英語は聞き取り難かった。担当セクションは二人でやっていてなかなか忙しそうだった。

この二人のうち一人はイタリーからの移民でポリーさん、もう一人が典型的なコクニーだった。コクニーとはロンドンの下町弁。トゥデイ（今日）がトゥダイ（死ぬこと）と聞こえる。時々考えてみないとわからなかったりするのだが、フラットの窓ふきに来てくれる人やガソリンスタンドの従業員などに多いコクニー弁の人たちは大体、人のよい気持ちのよい人たちだった。

英国にはディナージャケット（タキシード）は持って行ったのだが、モーニングとテイルコート（燕尾服）は使うことはないだろうと思って持って行かなかった。そしたら、年一度のクイーン主催のバッキンガムパレスでのガーデンパーティーに数少ない駐在員の中から毎年数人が大使の紹介で出席するのだが、ある年、我々に順番が廻ってきて出席することとなった。このパーティーには男はグレイのモーニングにシルクハットとなっている。

また、ギルド（職人組合。この場合は海運業組合というか）の大会がギルドホールで開催され、代理店の社長がよんでくれた。また、日本と取引の多い古い商社セール商会のセール社長がアランデル城での夜会に声をかけてくれて同行した。

この二回は燕尾服を着なければならず、英国にはこうした礼服の貸し服屋モスブラザースというのがあり、実に多くのサイズのストックを持っている。そこでシルクハットと共に借りたのだが、アランデル城でのボール（舞踏会）の時、セールさんが、「この頃はモスブラザースで借りて来る人がいる」と言ったのでびくっとしたのを憶えている。

滞英三年半のうち終りの頃にはテレックスが普及したが、土曜日はテレックスオペレーターの女性は出勤せず、本社への通信は相変わらず電報、電報局を呼び出して、A・フォー・アップル、B・フォー・ブラザー、C・フォー・チャーリー、D・フォー・ドーヴァー等のように電文を電話で言うので、全部憶えたがなかなか大変だったのも懐かしく思い出される。

英国のレストランについて、若い人には想像出来ないだろうが、当時日本食レストランは一軒もなかった。近くに簡単な中華料理、イタリー料理があり、珍しいのではポーランド料理があって、たまに食べに行った。

英国料理はまずいという人が多かったが、時折、高級英国料理店で御馳走になるとなかなかいけたし、ワインもサーヴされた。英国がＥＣに加盟する前のその頃は高関税のため大陸ワインは普通の店ではほとんど置いてなく、主としてビール（ビターが中心）だった。スコッチウイスキーはスコットランドの地酒だといって（半分冗談）ビールが多かったようだ。

長男の誕生と父の死

一九五九年（昭和三十四年）十月三十日に長男が生まれた。英国のナショナルヘルスサービスは当時はなかなかすぐれた活動ですっかりお世話になったのだが、健康保険料を徴収する官庁はまた別にあり、外国人には一向に請求がないので、申し訳のないことだがそのままとなった。

身籠もってから定期的にチェックがあり、こちらは初経験のため比較的のん気にしていて、ロイヤル・フェスティバル・ホールで丁度ニューヨークフィルハーモニーの演奏会があり、最後の曲目、ブラームスの交響曲第一番の二楽章の頃から痛みが始まり、本人は呑気に何か悪いものでも食べたかなと言っていた。帰宅後痛みが止まらないので病院に電話したら、すぐ連れてこいと言われた。

救急車を呼ぶカードももらっていたのだが、病院が小路をへだてた向かい側（セントスティーブンスホスピタル）だったので大雨の中傘をさしてそろりそろりと歩いて病院の扉をあけたら、よしわかった、ハズバンドはお帰りなさい、生まれたら電話します、とのこと。

まんじりともせぬ夜を過ごし、電話がないので出社、夕方五時半すぎ電話があって生まれた、ビューティフルボーイだという。病院に駆けつけたが、産室から出してもらえず、その日は十時頃になって一目会わせてくれた。幸せそうな妻の顔を眺め、赤ん坊と対面したのだった。消燈後の大部屋の病室へ懐中電燈を持ったナースに案内してもらって会ったのだった。

こうした幸せが一月ほど続いたところで父が危篤との電話が入った。当時の国際電話は申し込んでからつながるのに何時間もかかったりしたが、またガーガーいって声もよく聞きとれない状態だった。私は吃驚《びっくり》して初めはよくわからなかったが、これは大変、会社に連絡したところ、一時帰国してよろしいという。有難くお受けして帰国した。

当時はノースポール（北極）廻りが始まっていて赴任の時よりは大分早かった。そして日本赤十字病院に駆けつけたらまだ意識はあって、息子の生まれた報告をしたところ、とても嬉しそうだった。写真をつくづく眺めていた。そして名前の下の字を尊、曾祖父朝彦親王（法名尊融法親王）の一字をとったと言ったところ、か細い声で「そうか、家を再興する子だね」と言ったのが忘れられない。

皇后様（香淳皇后）も見舞においで下さり、長いこと父の手をとり、額にタオルをのせたりしてじっとみつめていらっしゃった。父と皇后様は仲のよい御兄妹で、父が海軍兵学校の休暇の時、空を眺めてあれは何という星だと数えて下さったのよなどと話して下さった。

父は十二月七日、永久の眠りについた。

酒は飲まない（飲めない）のに肝硬変という病名だった。五十八歳であった。

川崎汽船への移籍と音大通い

ロンドンに帰任し、週末は息子を乳母車にのせて公園を歩くような日々を過ごした。

翌昭和三十五年（一九六〇年）八月、転勤命令をうけて家内とキャリーコット（手で運ぶ赤ん坊入れ。英国の友人がこれに入った息子を蛹《さなぎ》のようだと言った）に入れた一歳未満の長男と三人で羽田空港に降り立った。

本社では定期船部濠亜課というところで課長補佐として西濠州航路を担当した。往航は雑貨、復航の中心は羊毛、スペースが大体足りなくて苦労した。便所にでも入れてくれないかなどと言われた。

本社が用地を買って新築移転、飯野ビルとして今に残り、不況の時、大きな助けとなった。

丁度この頃、昭和三十六年八月に次男が生まれた。次男は小学一年の途中に外国から戻り、なかなか勉強や学校生活になじまず苦労をしたが、心優しく剽軽な子供であった。頭をぶつけた時、「あ、頭から☆（星）が出た！」と言ったり、私が珍しく家にいた夕食後に子供たちと尻取りやなぞなぞ遊びをした時、私が「上から入れて下から出すものなあに（ポストのつもり）」と言ったら、目を輝かせて「人間！」と叫んだのを憶えている。

一九六〇年、ロンドンから帰って霞ヶ関カンツリー倶楽部に入会した頃のこと、ゴルフ場もゴルフ人口もまだ少なかったから、スタートは到着順、日曜日八時過ぎにスタートすれば午前中に一ラウンド、午后にまた一ラウンドして楽に午后四時頃にあがれた。稀に二ラウンドハーフやることもあった。六十年来の親しい友人、西村日出穂さんによれば、秋口の私とのゴルフで、終り頃にはマッチを擦ってパターをしたとか。よき時代であった。

まだ幼い私の長男が、私の一番下の弟に遊んでもらっているところ

作曲の勉強を続けようと、藝大のフランス系作曲学の第一人者池内友次郎先生が毎週土曜日午后、日仏会館で個人教授をやっておられるとのことで、市ヶ谷にあった日仏会館に通った。有名なテオドール・デュボワの「対位法とフューグの練習」（Th. Dubois : TRAITE DE CONTREPOINT ET DE FUGUE, HEUGEL）というテキストを使い、一週間に一題か二題これ

でよしと思って持ってゆくのだが、決してよしとはならない。そして添削されてみると、なるほどと至らなさを痛感する。本当に音の持つ深さ、ニュアンスの微妙さに眼が覚める思いがした。

池内先生の弟子には黛敏郎他現代日本の有名作曲家が多いが、「黛君なんか逃げ廻ってなかなか来ないんだ」と言っておられた。わかる気がした。

また、音楽の勉強でいえば、日本の音大には行っていないがどんな様子なのか試してみようと、武蔵野音大の二部を受けてみたら合格、まあやり果《おお》せるかわからないがやってみようということになった。当時二部のある音大は武蔵野と国立《くにたち》だけだったが、武蔵野の校舎のほうが近かったので武蔵野を受験したのだった。

丁度この頃、昭和三十九年（一九六四年）東京オリンピックの年に海運業集約合併が行われ、六中核体なるものが生まれた。この経緯は省略するが、飯野海運は定期船部門を分離して川崎汽船と部分合併をした。私は飯野で定期船部門にいたこともあって四月一日に川崎汽船に移籍した。

川崎汽船ではまず経理部整理課という課に配属され主任となった。普通は課長代理とか課長補佐という職階だが川崎汽船では主任という名前だった。整理課というのは船舶ごとの精算をするのが主であったが、丁度この四月一日から武蔵野音大の授業も始まり、会社ではまず必ず残業をせねばならないので普通は通学は無理なのだが、普通の大学を出ているので専門課目だけ取ればよいとのことで、二時間目三時間目の授業が多く、止むを得ず欠席することも結構あったが何となくこなして行けた。この課にはもう一人主任がいて、この人には訳を話しておき、一寸《ちょっと》目くばせをしては抜け出したのだった。

一年たってだったと思うが、今度は経理部経理課に廻され、主任として銀行関係を主に担当した。川崎汽船は当時本社は神戸にあり、本社の経理部ほどの難しい経理事務はなかったが、主力銀行三社とのコンタクトは常に保たねばならず、月末になるとそのうち一社の丸の内支店次長が私の席の前に坐り込んで、「今日一日でいいから、どっかからこれだけひねり出して入れてください」と言われて往生したものだった。この人とは赤提灯でよく飲んだものの、今や懐かしく思い返される。

チリでのスペイン語失敗談

一九六六年（昭和四十一年）春、突然チリに行ってほしいと言われた。南米西岸航路は戦前から川崎汽船独占航路として続いた重要な航路であり、首都サンティアゴに単独駐在の事務所がある。

最近は外地は嫌です、と言って断る人もいるとか聞くが、その頃はむしろ外地駐在はよい経験として喜んで行ったものだ。

私はスペイン語は、もちろん初めて。『スペイン語四週間』などを買い込んだもののの、毎日毎晩、引き継ぎや歓送会で関係先、お得意先と時を過ごして深夜帰宅。とても勉強の暇なく一月して赴任。

さて、その直後、大失敗をやらかした。書かないほうがよいのかもしれないが実話であり、また若い人の参考になるかもしれないので意を決して書いておこう。

着いて数日は会社の隣にあるオテルパナメリカーノというホテルに泊ったのだが、初日の朝、最上階のレストランで朝食を食べた。ボーイがこれでどうですか、「トスターダ、ドスウエボスアラコパ、カフェ」ではと言うのでうなずいた。トースト、二つの半熟卵をワインカップにあけたもの、コーヒーというわけだ。さて次の朝、「トスターダ、ドスウエバスアラコパ」と半ば得意で言いかけたところ、ボーイはあっと硬直、手でもうよいと言って止め、食事は来たのだが、廻りのテーブルの客たちは一瞬何とも言えぬ顔をして私を凝視する人、知らん顔して手を休める人。

何だかわからず出社して代理店の英国系チリ人に話したところ、大笑いして「ネバー・セイ・ザット・アゲイン」と言う。何と、ウエボは卵だがウエバになると女性の局所の隠語だという。スペイン語では、後にわかったことだが、名詞の最後がｏのときは男性名詞、ａの時は女性名詞になることが多くニーニョ（男の子）、ニーニャ（女の子）の如しで、この場合御想像にまかせよう。ドス（二つ）……をほしいと言ったわけである。

同じような失敗談をきいたことがあるので、ついでに御披露しよう。

あるメーカーの偉い人がイタリーに出張した。飛行場で荷物検査があり、友人の日本人駐在員への土産として持っていた鰹節を指して「これは何だ」と言う。鰹の英語ももちろんイタリー語もわからずに「ドライドかつお」と言ったところ、検査官はハッと立ちすくんでしばらく無言、しばらくして通してくれたという。何かと調べたらこれが何と男性のモノの隠語なのだそうだ。干した……と言ったわけ、吃驚《びっくり》するのも当然だ。この御当人からきいた話なので御披露した。

こうしたびっくり談ではないのだが、似た話。家内の父がイタリーに出張した時、食後に柿が出た。取引先のイタリー人が、これをイタリー語で何というか知っているかときくので、さて英語ではパーシモンだからペルシモーネかと言ったら、笑ってカキだというのでギヤフンとなったと言っていた。昔、日本から行ったものだろうか。言語の輸出入は、天ぷらがポルトガル語など色々ある。

世界で一番標高の高いゴルフ場

さて、仕事の話は面白くなかろうから、アッと思われるような話を二〜三拾ってみよう。

ボリビアの首都ラパスに出張した時のこと、飛行機はアンデス山脈の頂上にあるせまい飛行場に下りる。四〇〇〇米《メートル》以上あると思うが、寒い上に酸素が少ないので呼吸が激しくなる。草原にリャマとかアルパカといった駱駝を小型にしたようなのが走り廻っている。

車で少し下るとラパス市に入る。ホテルにチェックインして代理店を訪ねた。ところがエレベーターが故障していて四階のオフィスまで階段を歩いて昇らなければならない。心臓は早鐘のように打ち、四～五段昇ると一休み、一寸《ちよつと》客廻りをして晩メシ、ウイスキー水割を飲んだらふらふらふらして一休みした。

早々とホテルで休んだが、出張者は大抵着いたらホテルインして寝る、それもベッドは高いとして床に寝る人が多いとか。初日から仕事をして酒を試した人は稀だとか。

翌日は客廻り、次の日ゴルフをした。世界で一番標高の高いゴルフ場とか。富士山より大分高い。草もまばらでティーアップして打つ。空気が薄いからよく飛ぶというがそれは住民の話、心臓早鐘で歩くのがやっと、クラブは振り上げられない。チョボチョボ打ってやっとワンラウンドした。これも出張者で一廻りした人は聞いたことがないと言われた。

これは後年英国に二度目の駐在をした時、アフリカのナイジェリアに出張した。日本人駐在員グループのゴルフ会に参加したのだが、すべてが砂。フェアウェイは大体ティーアップしたと思うが、グリーンはサンドグリーン、大きな皿くらいのホールとボールの間を熊手でならして打つ。球は割とよく入った。まあ変わったゴルフの話。

ラパスは谷合いにあって小丘が幾つかあり、住民の大半はインディオ。山高帽をかぶってコカをかんでいる。タクシーは乗り合いで次々乗せたり下ろしたり、料金の計算はよくわからなかった。タクシーの中は一種独特なコカの臭いに満ちていた。

インディオは我々と同じ蒙古系人種で、遠い昔、地続きの北極圏を経て南下し、南極に近い南米最南端まで達した。アルゼンチンの南端のインディオは、伝染病が持ち込まれ僅か残った人たちも最近死に絶えたとのことだ。チリのインディオはアラウカーノという種族で勇敢に侵入者スペインと戦ったのでほとんど皆殺しにされたとのこと、純血のアラウカーノはほとんどいない。

チリについてはスリーWということがよく言われる。一つは天候（ウエザー）。夏（日本の冬）はまず雨がふらず真青の晴天。もう一つはワイン。葡萄はとてもおいしい。皆、皮も種も食べる。三つ目はウーマン。チリ人はスペイン系が多いが各地の白人移民の混血で色々のタイプがいる。美人が多いというが、さてどんなものか。

チリの珍しい料理

葡萄が出たからチリの果物について。住んだ家の庭にはおいしい杏《あんず》（ダマスコ）がなっていたが、道のそこここに小屋がけして西瓜やメロンを山積みして売っている。メロンを買って来て日本式に切り分けて家族五人で食べていたらカルメンというメイドが吃驚《びっくり》した顔をしてぶつぶつ言っている。きいてみたらチリではメロンはメイドの昼食、一人一個食べるのだという。メロン一個の値段は日本円で約四十円だからなるほどというわけだ。西瓜は一寸《ちょっと》だけ高い。車のトランクに山積に買って間食などに一人一個よく食べた。

チリの珍しい料理をあげてみよう。家内の記憶なので名前の思い違いがあるかもしれないが。

まず「ポロート」。枝豆のような緑色の豆（冬場は乾燥したものを使う）のスープ、牛肉を少々、玉葱、人参、南瓜《カボチャ》、玉蜀黍《トウモロコシ》等を入れる。この豆スープはチリ人の力持ちの基となっているという。非常に好まれる。

「コチャユーヨ」。こんぶは日本人だけが食べると思っていたが、筒状（なぜか筒状。筒のような形のこんぶがあの辺では採れるのか？）のこんぶを一〇センチくらいの長さに切って、トマト味のシチューにしたもの。あまり美味しいとは思わなかったそうだ。

「ウミータ」。玉蜀黍をすりつぶして、大蒜《ニンニク》やアヒ（唐がらし）で味つけし、玉蜀黍の薄皮に四角く包んで煮込んだもの。

「ソパピージャ」。南瓜を蒸し裏漉《うらごし》したものに小麦紛を少し加え、小さなパンケーキ状にしたものを油で揚げ、オレンジの絞り汁で煮たもの。雨の降る日に食べるといわれる。身体が暖たまるのだろう。これはとても美味しい。

他に「カスエラ」という鶏、野菜類に米を入れたスープ状のもの等が代表的。

チリはコンチャイトロの赤など、ワインがおいしい。また、ワインになる前のチーチャ（かごに入った大きな壜《ビン》に入れてある。新酒の季節にしかない）も野趣があって珍しい。ピスコという透明な強い酒もある。レモンを絞って飲む（ピスコサワー）。

カシノの鉄則

もう一つ、カシノについて。会社の定期船がつく主な港にヴァルパライソ（天国の谷という意味）というのがあり、すぐ近くの町ヴィニャデルマールに有名なカシノがある。この頃はまだコンテナ船はなく、雑貨の荷役には時間がかかり、数日停船、また他の港を経て復航に数日、というふうに停船するので、毎日二時間くらいかけてサンティアゴから車で通うのはなかなか大変だった。

船員食を御馳走になって帰りがけに船長以下をこのカシノに連れてゆくことが多かった。私は正直あまり興味がないし、帰りの二時間もあるので、要領を教えて帰る。ある時事務長が、あり金全部をチップ（札）にかえてあっという間もなく一ヶ所に全部を置いた。ルーレットは初めてだったそうだが、それが何と当たってしまった。奇跡というべきか、三十六倍になったわけで、一瞬にして日本円で数百万となり唖然として皆も口あんぐり。私はこれでやめて船に帰りなさいと言って自宅に帰った。翌日、また訪船してきくと皆でアドバイスしたのだがやりまくって全部なくし、借金を随分したとのこと、無理もないがギャンブルは引き際が大切という鉄則が大事、心せられよ。

今思い出した話をもう一つ。代理店の海運担当部長とは時々昼食を共にした。チリは魚が多くて、一寸《ちよつと》大味のきらいはあるが（海水が冷たすぎるからとの説もある）、なかなかいけるので、大抵、魚料理店に行った。ウニや伊勢海老は高いので敬遠。部長はよく小ぶりの鮑《あわび》をすすめた。日本人は皆好きだ。

ところで、これは何というか知っているかと言うので、知らないと言ったらロコス（locos）ともいうのだ、狂人ということだという。通称であろう。彼は英国系だったが別に日本人が狂人だというわけではない。気のおけない間柄だったから単なる笑い話だが。鮑がどうして「気がふれた」なのか訳はわからない。

時間通りに行く人は「気がきかない」

日本と違うことは色々あるが、お宅によばれてカードに九時に来いとあるので九時に行くとあの人は気がきかないと言われる。奥さんの食事やらの支度がまだ出来ていないのだ。三十分は遅れて行くのが常識、チリ時間という。酒を飲んで十時過ぎ食事開始、十二時過ぎてさあダンスだという。チリにはクエッカという独特のダンスがあって、鶏が愛を交わすのを男女二人で表現するのだが、大抵二人が真中で踊って皆でやんやとはやす。
愉快な時を過ごして朝の二時か三時に帰る。出社は同じ時間。もちろん毎晩ではないがエネルギーのあるのには驚く。昔はシエスタといって午后二〜三時間休んだそうだが、その頃のキリスト教民主党のフレイ大統領はシエスタを禁じ、商店では休むのが多かったが役所や会社は通常通り働いた。

チリは南のほうに行くと小さな富士山のような山が幾つもあり、火山湖も多くて風光明媚だが、北に行くとずっと砂漠、幅はあまりないが長さは長い。東側の国境はアンデス山脈の頂上で向こうはアルゼンチン、北は赤道に近いが南は南極のすぐそば、気候がうんと違う。

チリのアリカ近傍にて。ハイウェイの周囲には荒涼たる土漠が広がる

地震も多いが遠くのほうの地震はサンティアゴでは感じない。そうした地震が日本で報じられると本社から「貴職に異常なきや」といった電報が入ったりした。

このアンデスの山々が冬は真っ白になって何とも美しい。ポルティジョという有名なスキー場もある。

当時、日産自動車がチリ北部のアリカという町でブルーバードの現地生産をやっていた。サンティアゴの伊藤忠の支店の中にオフィスを構えており、和田さんと荒木さんという二人の駐在員がおられ、荒木さんは元海兵七十六期生で親しくしていた。

ある時、何かの休みを利用して、二人でドライブしようということになり、私が使っていた古いチリ製ブルーバードでパンアメリカンハイウエイを一路南下、目一杯走ったことがあった。パンアメリカンハイウエイとは、名前はよいがまだ舗装は一部で、道幅は広いものの真直ぐな砂利道、一二〇キロ以上で跳ねながら、濛々たる砂煙をあげながら一路南進、どこで泊ったかはっきり憶えないが、南端は入江に面したプエルトモントという街、その近くにロスサントス（仙人たち）という火山湖があって、これをフェリーで渡るとアルゼンチン側の高名なバリローチェという保養地がある。

フェリーで往復して帰途についたのだが、この湖水の何と美しいこと。夢幻というか、底の知れない濃紺の深い深い色合い、小型の富士山のような山との何ともいえない釣り合い、私の生涯で最高の景色といってもよいと思ったことだった。あの半分無謀なロングドライブが十分酬いられたと言ってもよかろう。

それからチリで忘れられないのは少数の在留邦人との付き合い。日本人の直接の移民は許されなくて、他の南米諸国を経由して入った人々なのだが、苦労して生活を立ち上げた人々で、話は面白く、勉強になった。なかでも頑具の製造をしていた堀内さんの名前をあげておこう。世話になったし、子供たちも可愛がっていただいた。

まだまだ出てくるが、チリの時代の話はこのくらいにしよう。

音大を学び終えて

一九六八年（昭和四十三年）転勤命令が出て帰京した。

武蔵野音大は六年までは卒業出来るとのこと、丁度二年をチリで過ごしたので、あと二年でOKだ。相変わらず通ったのだが、苦労したのはピアノ。副科といってピアノともう一つ楽器をやらねばならない。作曲科のピアノは重視されて期末試験の出題はピアノ科と同じ曲。出題曲中の易しそうなのを選んで随分熱心に練習した。担当の先生は藝大出の優秀な方なのだが、シベリア抑留で駄目になったと言っておられた。よく教えて下さったが終ると「一寸《ちょっと》いきましょう」と言われてたしか越後屋といった一杯飲み屋でやった。おいしい店だった。

もう一つの副科は楽なのでチェロを続けた。三年と四年の期末試験にはボッケリーニの変ロ長調協奏曲第一楽章とバッハの無伴奏組曲第一番を弾いた。

作曲の担任教授はクラウス・プリングスハイム先生。マーラーの弟子で、確かお姉様がトーマス・マンの夫人。もう九十歳近くで有名な方。熱心に教えて下さるのだが、私が長いこと勉強した古典和声学が中心で、現代技法を学びたい私には一寸《ちょっと》不満だった。

こうして無事卒業、楽しくも苦労した思い出だ。

休日はゴルフ、毎日のように夜学や仕事で遅くなり、小さな子供たちとは顔をあわすことのほとんどない毎日、今考えると許されないことであったろう。

デンマーク勤務、点描

会社のほうは、なかなか加入出来ない欧州定期航路にデンマークのAPモラーマースクラインと共同運航の条件で加入が認められ、一丸となって運航が始められており、マースクラインの代表と私、川崎汽船代表との川崎マースクヘッドクオーターというものが作られ、小オフィスで両社の連絡協調等の仕事をした。

色々のことがあったが、一年ほどしてこの仕事の延長で私がマースクラインのコペンハーゲン本社に川崎汽船の代表として行くこととなり、マースク本社の小部屋を借りて執務することとなった。

マースクラインの人たちは、もちろん英語は達者なのだが、廻ってくる回覧や文書はデンマーク語も多く、また、単身の時過ごした下宿のおやじやペンションのおばさんはデンマーク語のみ（下宿のおやじはドイツ語を一寸《ちよつと》話した。年寄は英語よりドイツ語のほうをよくしゃべるようだった）。買物に行くと英語の通じないことも多く、デンマーク語がわからないと暮しや仕事に差し支えるので、早速、語学学校ベルリッツに通い、テキストをやっと読了した。

デンマーク語は北欧三国（デンマーク、ノルウェー、スウェーデン）では類似していて、言語学では北方ゲルマンというそうだが、口をすぼめて発音する所謂《いわゆる》ズーズー弁、さらに咽喉や鼻を使うのでなかなか発音が難しい。私は滞在した三年半の間は何とかこなしたが、その後ほとんど使う機会がなくすっかり忘れてしまった。

デンマーク人の知己から聞いた話。古い話で正確には記憶していないので要点のみ書いておくが、デンマークでは、成年になると一年だか二年だか軍隊に入って教育、訓練を受けねばならないという。何らかの理由でこれが不可能な人、拒否する人は、同年数、病院で奉仕せねばならぬという。他にもこうした国はあるようだが、これも若者の教育という点で一つの考え方であろう。

執筆の労を寸時省くのと、デンマークでの滞在の様子を比較的要領よく書いたと思うので、ＫＬＡという川崎汽船の蒐貨子会社の季刊誌に書かされた一文を、かいつまんで入れておこう。

〈うたかたの記

枯枝に烏のとまりけり秋の暮　　芭蕉

十月の半ばになると、北国の寒い烈風に木々の葉は散り吹雪いて、一週間位の内に、荒涼

義母と娘

義父母と息子たち。京都の朝彦親王墓所にて

たる秋景色になる。紅葉ならぬ黄葉を賞でる期間もごく僅か、拙宅からほど近い公園の中のゴルフ場も、クラブハウスばかりが明々と灯がともされて、コースに人影なく、独り毛皮にくるまって歩いていると、もの淋しさがしみ透ってくる。

教育のために、つまり、インターナショナル・スクールがフランス系のため、英語・フランス語のほかデンマーク語、家では日本語と四カ国語の学習が、幼い頭には負担も多く、また日本の教育をキャッチ・アップする要ありとて、三人の子のうち長男と次男は義父母に頼んで、ただ一人連れてきていた娘と共に妻が帰国してから半年余り、中年の身には強がりを言ってはいても、こたえないといえば嘘になる。四十半ばの駐在員の宿命ではあるが、言葉の問題と日本の学校教育、考えさせられる事だ。

ついでにこの公園には各種の鹿が三千頭ぐらいいるが、ゴルフのボールがよく当たる。人間なら大変だが、鹿は平気な顔をしている。春生まれた子鹿が大きくなるこの頃、頭数をふやさないため、締め切って狩猟が行われ（王様の狩猟小屋がある）、一定数にまで減らすのだそうだ。そのためか、レストランに入ると、やたらと鹿料理を強制されたりするが、私は食べる気がしなかった。

日は、十二月末に向かって、日々三分近くのスピードで短くなる。朝に星を頂いて出社、夕に月を仰いで退社というこの頃、デンマークの人達はそれぞれが小さく纏《まと》まって、暖炉を囲み、ビールに芋焼酎でおしゃべりに興ずる。図書館も繁盛する。デンマーク人は恥かしがり屋で、親・兄弟・家族わずかの友人で行ったり来たりして、部外者は商売上の関係が特にあるという例外を除いて、あまりサークルに入れない。それは、前に在勤した英国と比較しても際だっていたように思われる。ゴルフ場などでの排他性も相当なものである。しかし、表面的には大多数の人が大変親切で、道の判らぬ旅行者をわざわざ案内したり……、つまり、内部に入って来ぬ限りは親切にするという事が徹底しているように思われる。これはこれで学ぶべき事かも知れぬ。人は本来孤独なものなのだから。

春の水すみれつばなをぬらしゆく　蕪村

夏から秋への移り変わりが瞬間の出来事と思われるように、冬から春への変化も誠に早い。あっという間に、木々は目のさめるような緑の衣をまとい、庭の花壇、家の窓辺、公園の植込など一面の花となる。日本の春と違い、もっと大ぶりな、華やかな感じではあるけれど、それはそれなり、長い冬から解放されて青春の息吹きに満ち、皆浮き浮きとする。チボリという小さな遊園地などは、子供連れで賑わい、鳩、雀、かもめなどが降りてきてパンくずをせびる。

デンマークは、山と称するものの高さが百四十米《メートル》ぐらい、一面の平地で、牧場には最適。さらさら流れる小川に行き当たってはっとする事もある。それでも、山の多い日本に生まれた私としては、せめて小高い丘でもそこここに欲しいところだ。ベートーヴェンの散策したドナウの支流あたりのほうがぴったりくるようだが、どうだろう。

この頃からは観光客が多くなる。日本人の団体にもよく会うし、ストロイエ（歩行者通り。買物街として有名）の銀器屋、民芸品屋、陶器屋などにとってはいい顧客である。運河に面した人魚像、シエラン（コペンハーゲンのある島）の北端、スウェーデンを眺めて立つクロンボー城など、各国の旅行者であふれる。私も何度お客様をお連れした事か。

ここではデンマークの巧妙な観光政策に驚かされる。こんな小さなものですか？　と皆さんが驚かれる人魚は、アンデルセンのお伽話だ。

夏の日のうかんで水の底にさえ　鬼貫

この感じはデンマークにはない。皆それを求めて南の国へ行く。泳いで、甲羅干しをして、真黒になって帰って来る。これをあてにしたチャーター便が沢山あり、とても安く、徹夜で空席を待てばただのような値段で行ける事もあるとか。尚、デンマークの海岸は泳ぐのには冷たすぎるが、それでも人でいっぱい。すっ裸の男女も多い。

六月末のノルウェー北端は、ノートカップのミドナイト・サンも美しい。また、大陸各地で音楽祭の開かれるのもこの頃である。ヴイーンに始まってバイロイト、ザルツブルクその他数多い。切符は早目にとらねばならぬが、まとめてよい音楽が聴けるので、音楽好きには有難い。

南ドイツからオーストリアは、比較的荒らされていないひなびた自然に囲まれて、愉快にエンジョイできる。ついでにデンマーク、変わった室内楽の会があった。女人禁制、第二曲目から喫煙自由という面白い会で、権威があるらしい。東京芸大元教授のヴァイオリンの先生に紹介されて入ったが、日本人では私が初めてだったようだ。

デンマークの音楽家に知名人は少ないが、バッハがそのオルガンを聴きに遠路をリューベックまで歩いたというブクステフーデがいる。それから哲学者キェルケゴール、モルトケ将軍がデンマーク人というのも、あまり人は知らないのではなかろうか。コペンハーゲン現港湾局長もモルトケ伯である。

音楽の話が出たが、日本的詩情、日本の芸術一般について考えさせられる。日本を知る西欧人にとって、日本文化の特異性と魅力とは様々のニュアンスを持って捉えられているが、割り切れない何かがありそうだ。その道の専門家のみならず、一般の日本人が、もっと自分の問題として、国際化の過程において考えてゆくべきことではあるまいか。

冬木立月骨髄に入る夜かな　几董

コペンハーゲンは概ね樺太の北端と同緯度にあるが、ガルフストリームの遠い影響で、思ったほどは寒くない。それでも、摂氏零下十五度ぐらいに下がることもあり、十一月には雪が降り出して、舗道には根雪が残る。市内の堀割などに氷が張りつめ、皆スケートに興ずる。対岸スウェーデンのマルメまでスケートで行けた冬もあったとか。これはちょっとオーバーだが、帆船時代にはそうだったかも知れぬ。カテガット海峡はバルチック艦隊以来ロシア船の通路だったから砕氷もしただろう。

昔、ロシアや北欧他国から大陸への一街道はデンマークを通っており、蒐貨出張の際、ユラン半島基部の小村で、国境ホテルというのに泊ったが、十五世紀のスウェーデン国王グスタフ何世かの泊った部屋で寝た。博物館にあるようなカーテン付きのベッドだった。代理店主の部屋はコサック将軍の部屋だった。

北国の冬は誠に陰鬱である。来る春を焦れつつ、皆ひっそりと暮す。クリスマスは買物で賑わい、南国に息抜きする人も多いが、この最後の冬を、私は拙宅パンシオンでクリスマスを過ごした。独り暮しの各国の老人が大部分、ツリーを囲んでそれぞれの国の歌を唄う。静かな郷愁が漂う。

欧州航路のデンマークのマースクラインとの共同運航契約が終了となり、川崎汽航独自配船開始の年となったが、新セットアップを完了、帰国の途につく。飛行場では仲よくなった日本人の面々がいつまでも手を振ってくれた。思えば、店を開いてまた閉じて過ぎ去った三年間、感無量であった〉

デンマークでの勤務でも、蒐貨とか運航上の打ち合わせ等で欧州中を駆け廻ったが、当時の東欧共産諸国はビザを取るのが大変、また電話は盗聴されるので顧客の所へ直接行って話すとか、道を歩いているとドルの闇買いがすっと寄って来てうっかり乗ると危ないとかだった。

顧客各社では東欧との商売は大体ウィーン経由でやっているので、ウィーン出張も多く、仕事は昼すませてオペラやコンサートによく行ったものだった。

コペンハーゲン時代の私の音楽との関わり

武蔵野音大の福井直弘学長先生がコペンハーゲン在住の二人の先生、ピアノのヴァシャヘリーさんとヴァイオリンのホルストさんを紹介して下さって、本当に楽しい時を過ごすことが出来た。

ヴァシャヘリー先生は後々まで武蔵野音大の夏季大学には必ず来ておられたが、ホルスト先生は藝大と武蔵野音大の先生を長く務められた方、戦前はベルリンフィルのコンサートマスターを務められ、当時ピアティゴルスキーがチェロのトップ、フルトヴェングラーが指揮していたとのことだった。

家族ぐるみで付き合い、お二人とも本当に世話になった。ホルスト先生主催で毎週金曜日夜に室内楽の会があり、ほとんど出席した。独身のヴァシャヘリー先生のお宅にお邪魔した時、私は単身生活で一人で伺ったのだが、大きなグランドピアノ二台の置かれたリビングで家政婦さんの作った鶏のロースト一羽分を二つに切って食べたのを懐かしく思い出す。

ここで私が世界的ピアニストの一人として敬愛してやまないヴィルヘルム・ケンプについてまとめておこう。

父は戦前、日本に演奏旅行に来た音楽家のうちの相当数を家に招いており、サイン帳が残っている。私は子供で席につかなかったので、よく憶えていないが、あれがシャリアピンというのは印象に残っている。ケンプさんもみえたのだが、印象深かったようで、戦後、昭和二十九年だったと思うが、演奏旅行に来られた時、当時住んでいた西落合の家にみえた。父が招いたのかどうか憶えがないが、父の趣味の薔薇《ばら》園で一緒に撮った写真が残っている。私は会社に行っていて会えなかったのだが八歳下の妹がいて、丁度ピアノを習っていたので、前述したアップライトピアノでベートーヴェンのピアノソナタ「悲愴」を弾いてくれたとのことだった。

私との出会いは、私が武蔵野音大に通っていた頃学校に来られ、福井学長先生がお宅に招かれた時声をかけて下さり、一刻を過ごしたのが最初だった。

この後、コペンハーゲン時代、会社の昼休みに近くの音楽ショップを覗いていた時、奥様と御一緒の先生にばったりお会いし、しばらく話したあと、お誘いしたら、数日後演奏会の合い間に御夫婦で拙宅まで来て下さった。

ホルスト、ヴァシャヘリー両先生にもお声をかけて三人が揃い、誠に至福の一刻だった。お茶とつまみ、サンドウィッチ程度、二時間ほどだったか、主に音楽の話だが、ホルストさんだったか、独身で瞬発力の強そうなヴァシャヘリーさんに、君なら五台のグランドピアノがいるね、と言ったら、ヴァシャヘリーさんが、いやいや僕にはファイヴワイヴスのほうがよいと言って大笑いしたのを憶えている。

その次にお会いしたのは、家内と娘の三人でドイツにドライブした時、ミュンヘンの近く、アマルゼーという湖水の脇の閑静なお宅にお訪ねした。三人それぞれにといって一曲ずつ弾いて下さった。娘にはモーツァルトの「トルコ行進曲」、小学生だった娘の手を取ってこの手でモーツァルトをひくようになるのかな、と思い入れある笑顔をされたのが印象的だった。

この他に何人かの外人演奏家との出会いがあったが、作曲家のパウル・ヒンデミットとチェリストのピエール・フルニエにも暫《しば》しの間アドバイスを受けることが出来たのは貴重な経験だった。

それから一寸《ちよつと》変わった経験としては、夏至の日、スウェーデンを望む海岸を通った時、海辺で火をたいて何やらやっているのできいたところ、鰊《にしん》の豊漁を祈る古来の祭りをやっているのだという。人にきくと、夏至の日には鰊に限らず、神に豊かな稔りを祈る古くからの行事だという。欧州にはキリスト教以前の、あるいは以外のこうした神事が残っているのは面白いことだと思う。他にも色々あるのであろうか。

コペンハーゲンの三年半の間の夏休みにした二度の欧州大陸旅行のことも書いておこう。一度は学習院中等科、初等科で学んでいた長男と次男が来た時、英国までフェリーで行き、ドーヴァー海峡をまたフェリーでフランスのカレーに渡り、パリ、スイスのフルカパスを通り、エンゲルベルク、ルーツェルンを訪ね、バーゼルで汽車に車をのせてハンブルグまで戻り、帰ったが、子供たちは今に思い出しては楽しかったと言っている。

もう一度は家内と娘が日本に帰って単身生活をしていた時、ドイッチェグラモフォン（レコード会社）の社員で丸紅に勤めたことがあるというドイツ人と日本人の若い画家の人とで、愛車ボルボを駆ってザルツブルクに行った。農家に泊って新しい卵を半熟にして、黒パンと一緒に食べたのが思い出される。モーツァルト祭月間といってほとんど毎日コンサート、オペラが上演されており、随分精出して鑑賞した。

数日の休暇をもらって家内と娘を乗せ（この時はボルボ）、ハンブルグ経由ロマンティック街道（ロマンティッシェ・シュトラッセ）を通って南独のミッテンヴァルドという日本ではあまり知られていないようだが、クレモナと同様のヴァイオリン等の弦楽器を作る古い町に行ったことがある。ここに楽器作りの学校があり、本間さんという日本人がここでマイスター（親方）の肩書を持っておられるが、御夫妻を尋ねて楽しい一夕を過ごし、語り明かした。クレモナ製ではあるが値頃のすっかり気に入ったチェロがあったのを一寸《ちょっと》無理して買ってしまった。

モスコーでの日航機墜落事故

ある時、本社から中村正十郎さんという通信課長が出張して来て、用務が終って飛行場で二人で夕食をとり、出発ぎりぎりにチェックインした。当時北廻りモスコー経由の便が出来たばかりだったと思う。

その晩寝ていたら、明け方四時頃だったか、ドイツ、デュッセルドルフの山下駐在員から電話がかかってきて、今山口さん（人事部長）から電話があって、日航機がモスコーで離陸直後墜落したとの報道があったが、中村君が乗っていたはずだ、調べてくれとのことだという。

これは大変と日本航空に照会したところ、大さわぎで、一寸《ちよつと》待ってくれとのこと、しばらくしてかかってきて、誠に申し訳ない、中村さんという人は三人乗っているのだが、一人だけ助かっている、しかし下の名前がわからない、しばらく待ってくれと言われ、まんじりともせず待っていたら、朝に連絡があり、正十郎さんは助かっているとのこと、不幸中の幸いとしてひとまずほっとし、山口人事部長に報告したのであった。

後日、中村さんにきいたところ、チェックイン最後の客で一番前の席しかあいておらず、事故の時、目前の間支切りが倒れてそこから脱出、走っていたら後ろで火の手が上がったとのこと、飛行場でゆっくり夕食をとったお蔭、久邇さんのお蔭ですと言われ、何とも返答に困ったことだった。これを何というのか、怪我の功名というのか。中村さんは背骨他骨折して長期療養、車椅子になったのだが、亡くなるまで事あるごとに久邇さんのお蔭と言われ、困ったものだった。

中村さんは会社は退職して坊さんになり、同乗していた乗客、乗員の冥福を祈る余生を送られた。私のコペンハーゲン時代の大きな思い出の一つである。

他にストックホルムからレニングラード（今はサンクトペテルブルク）に飛ぶのにもう一人の乗客（私の友人）が遅れたのを一時間も待って、そして乗客は私と二人だけだった話とか欧州各地での経験談も色々あるがあまり長くなるのでこのへんで切り上げよう。

李方子さんを訪ねて

一九七三年に帰国、蒐貨部門輸入部の副部長となった。韓国ソウルとプサンに出張した時のこと、時の大使金山さんがチリにいた時の大使でお世話になった方だったので表敬訪問した。

そしたら、おお、よく来ましたね、と喜んで下さって、「明日はどうするのですか」と言われるので、「顧客先訪問の予定が組んであります」と言ったところ、「出来たら変更してゴルフをやりませんか。韓日協会の然るべき人を入れるから面白い話もきけるだろう」と言われるので、顧客先と話して幸い次の日に変更出来たので、大使と二人の韓国の人とでゴルフを楽しんだ。そしてその晩は大使公邸で御馳走になり、丁度通産省派遣の参事官が同級だったのでそのあと二人で街に乗り出した。当時はカーフュー（curfew：夜間外出禁止）で八時までにホテルに帰らねばならぬところ、外交官ナンバーの車ならよいとのことであった。

金山大使はカトリック信者で沢山のお子持、その一人のお嬢さんは韓国人と結婚されているが、とても日韓外交に尽くされた評判のよい、とても気さくで私の大好きな方だった。

次の日、顧客先廻りの間に、李方子《マサ》さんのお住まいを尋ねた。李方子さんは父の従姉妹、梨本宮のお生まれで李王垠《ギン》さんに嫁がれた方、戦後しばらくして病気の夫君と共に韓国に帰国され、ご自身は簡素なお暮らしぶりで、苦心して資金を集め、慈善事業に没頭された。孤児の収容施設も作ってよく面倒をみられたという。時たま日本に来て皇居でお会いした時など、よくチマチョゴリ（韓国・朝鮮の民族衣装）を着ていらした。

この日は代理店の副社長と一緒に顧客廻りをしていたが、この副社長はアメリカで教育を受けたとのことで、それまでは英語で話していたのだが、方子さんを辞して出て来たら途端に日本語になった。私に気をゆるしたというか、それほどに方子さんが韓国で評価されているのかなと感じたことだった。

お子さんの玖《キュー》さんとはずっと親しくしてきたのだが、米国エール大学、マサチューセッツ工科大学で建築を学び、韓国でも大きなプロジェクトに関係したりしていたのに、晩年はお気の毒だった。私は李王さん御一家、特に玖さんとは親しくしていたので、ちゃんとした韓国の貴族の方とでも結婚して母国に根を下したらよかったのにと残念でならない。

若年皇太子の李王垠さんが併合のあと日本に来られ、皇居に御挨拶にみえた時、明治天皇皇后両陛下が抱きかかえて労わられたときく。また皇室でもその一員として分けへだてなく付き合ってきたのだったが、御一家皆さんの御冥福を謹んでお祈りする。

オーストラリアでの三年半

一九七六年（昭和五十一年）から一九七九年までオーストラリアのシドニーに駐在した。川崎汽船には飯野海運から引き継いだ西濠州航路の他、東濠州のシドニーとメルボルンを主な寄港地とする定期航路があり、シドニー、メルボルン、西のフリマントルの三ヶ所に駐在員事務所があった。

シドニー湾の北側、湾をへだててオペラハウスがよくみえる所に居を構えた。目の下に錨地があって入港した社船が一時錨を下す。それをみてバース（接岸場所）に行けばよい。

家具付でないこの家に家族が来る前に移った時、家具を買い揃えたが、食卓は簡素なものだが新品なので汚したくなく、たまった新聞を二〜三センチの厚さに敷きつめ、醤油などこぼれると一枚ずつはがした。自分ではグッドアイデアとほくそ笑んでいたのだが、点検に来た従姉妹が吃驚《びっくり》して大笑い、次いで先発で来た長男にみつかって。今でも時に話題になる思い出だ。

シドニーから帰る一年ほど前、この住いのオウナーのトレードバンクのメルボルン支店長

シドニー駐在時代に家族旅行したニュージーランドで

がシドニーに帰るのであけてくれとの話、急遽もっと北のほうに転居した。

数日たった時、道をへだてた向かいの家の主人がやって来て、何日何時ドリンクに来てくれという。家内と二人でその夕刻に行ったら、周辺の人たち十数人が集まっていて、飲物とサンドウィッチ程度が出て一～二時間だったか賑やかに話し合った。そして何か困ったら何時でも来てくれ、と言う。それからは道で会うと「こんにちは」と言う程度だったが気持ちよい連中だった。

日本に目を向けると、このところ毎日のように親が子供を殺したとのニュースのあと、周囲の人が、泣き声がよく聞こえたが、遠慮して児童相談所や警察に言わなかった、言ったらよかったなどとコメントしているケースがあるが、シドニーだったら恐らくこうした事件になる前にうまく処理されていただろう。児童虐待は外国でもふえているとのニュースもみたが、さて如何《いかが》なものか。一考を要することではなかろうか。

戦後の日本の民衆の意識、戦前の国家主義から一転して民主主義となり、その本質が浸透するのではなくて、民主主義のはき違え、自分さえよければよいとの利己主義が広まった面があるのではないか。自分の子供さえ安全ならよい、人の子供はどうでもよいとか。言い過ぎかもしれないが、民主主義とは利他主義を心掛けるところに生まれるものではないか。ノブレス・オブリージュというのもやはりこの精神発露によるものと思われる。現下の色々の問題を考える時、心すべきものと思うが。

シドニーの三年半、色々と書くこと頭に浮かぶが、海運新聞に寄稿した記事が面白いかと思うので、これもかいつまんで挿入することにしよう。

〈若く豊かな国——良識の国づくり、オズィーに期待

アボリジニーについて

娘が学校の図書館から借りてきたアボリジニーの民話集（英訳）をのぞいてみた。神様や巨人の話、月の小人の話、カンガルー一家の物語など、日本や欧州の説話、伝説と同巧異曲ながら、その天真爛漫な、また偶話の蔭にひそむ機知に富んだ語り口などに感心した。

われわれの税金で小屋を建て、更生資金を出しても皆飲んでしまうなどと言う人もいるが、ブーメランというすばらしい捕鳥器具を作り、欧州の対応する段階と比べれば決してひけをとらない文化程度を民話集に示している彼らが、本来そのような生活を送るような人々だったのか。むしろ対処をあやまった一般豪州人の側に責が帰せられるといえないであろうか。

絶滅した（させられた）タスマニアのアボリジニーについてのテレビ番組をみた。持ち込んだ伝染病が広がるからといって、減少に手を貸したこと、もっとひどい例もあったやに聞くが、一面でキリスト教の布教を熱心に行っているところをみると、何とも矛盾を感じざるを得ない。異民族に対する文化宗教の押しつけが好結果を生んだ例は歴史上見当たらないと思うが、アボリジニーの場合も、石器時代的生活なりに持っている文化を、それなりに守り育ててゆくべきであったろう。

心ある豪州人は問題意識として持っているが、アボリジニーのすぐれてスピリチュアルな面をとらえて、根本からこの問題を考え直してゆくことが、この国のために望まれてやまない。

オズィーとメイトシップ

アメリカ人のヤンキーという呼び方に似た、むしろ共通したともいえそうな呼び方にオズィーというのがある。一種の誇り、同朋感情の響きがある。そして、この同朋感情を端的に表したのがメイトシップ（こちら風でマイトシップ）という概念であろう。僻地にようやくたどりついたコンヴィクト（流刑人）の仲間が助け合って生活を切り開き、ゴールドラッシュの狂騒の中でも収穫を分かち合うといった危機共同体感情とでもいう要素が豪州人の精神的支柱の一つにあるといえそうに思う。

その人口は東京都のそれと同じくらい、二百年に満たず、完全なアイデンティティはまだ恐らく持つに至っていない若い国、そして地下資源に恵まれた、可能性の大きい、すでに相当に豊かな国である。豪州人はスローで責任感がないと嘆く外人が多いが、移民を融合して、英国人の助けを要しない、マイトシップの国、良識の国を作り上げてゆくことをオズィー達に期待したい。

シドニーところどころ

私の今住んでいる所は、ハーバーの北側の入江の一つニュートラルベイに面している。二つ向こうの岬に動物園があって、夜になるとライオンの吠え声などが聞こえて来る。ここで豪州特産のコアラベア、カモノハシなどを見ることができる。また早朝、もれ陽に目をさますと、静けさの中からいろいろな鳥の声が聞こえる。ファンファーレのようなの、グズグズと嘲笑う奴、笑いかわせみ（クカバラ）のこみ上げるような笑い声、ギャーというのは鸚鵡《オウム》であろう。そしてベランダに出ると、サウスヘッド（ハーバーの入り口）、マンリービーチ、南の住宅街、キングスクロスのホテル等を向こうにして、ヨットの白いセール、フェリー、時にはコンテナ船や客船もみることができる。

通勤には、必ずハーバーブリッジを渡る。この橋は私よりたしか二歳年下（昭和六年）と思うが、朝夕のラッシュ時には車線を調整して片側四から五レーンにするので、混むけれど何とか車を捌いている。もう一レーン増やせる能力を持っているとか。橋からよくみえる変わった形のオペラハウスも収容人員に相当な余裕をもたせてあると聞くが暇はかかっても手堅い仕事には感心する。アングロサクソンの執念深さは見習うべきところがありそうだ。長期のビジョンに立った景気振興策、国民の内からの力を活用する、そして信頼される政治が日本にも望まれるように思われる。

シドニーの気候に文句はいえない。家賃等物価は上がったが、肉さえ食べていれば何とかなるし、ストレス解消にスポーツは手軽。静かできれいなパース、落ち着いたメルボルン、小ぢんまりしたブリスベーンやアデレードにも良さはあるが、私はしばらく住んだせいか、ここシドニーがなんといっても一番よいように思われる〉

シドニーには日本輸出入銀行の駐在員で島津久永夫妻（夫人は私の従姉妹）がおられ、色々とアドバイスを受け、お世話になった。息子二人は私立ボーディング（寄宿）スクールに紹

ビアコンヴェントの日本支部長で、皆の世話をよくしてくれた鈴木智之さんと。この写真は1980年代にベルリンの壁の前で

介していただき、娘はロンドン時代の旧友デ・ラ・サラ氏の紹介で私立女子中学に編入、それぞれ校内生活をエンジョイしたようだった。私は週末に日本人学校で水泳練習を手伝った。

オーストラリアはゴルフの盛んな国の一つ。シドニーではオーストラリアンというコースに入ったが、色々のコースでよくプレイした。

シドニーから帰国後のこと、先述の大学同級生の長谷川さんの訪問を受け、ビアコンヴェントというドイツ発祥のクラブがあり、日本支部ではビール四社他関係各社が中心で会員になっている楽しいクラブなので入らないかとのこと。私はビールに直接関係した仕事をしているわけではないがよければ、と色々話を聞いてから入ることとした。

大阪のビール醸造機械輸入会社、スズキインターナショナルの鈴木智之さんという方が日本支部長。会をまとめて皆の世話をよくして来られ、それ以来三十五年にもなるか、とても親しくさせていただいている。

年一～二回の総会はたいてい欧州のどこか、時々その他の国で、日本でも伊勢他でやったことがあるが、ロンドン駐在の時はオーストリア、イタリーなど数回出席した。ドイツには数多くのビール醸造会社があるが、様々の話をして楽しくビールを飲んだものであった。

臨機応変と杓子定規

一九七九年（昭和五十四年）に帰国し業務部の取締役部長となった。業務部では船舶保険、貨物クレイム処理、燃料契約等をやっていたが、海運会社では唯一頭を下げてくれる部といえようか。でも保険会社との交渉は楽ではなかったが。

一九八三年（昭和五十八年）に英国ロンドンに赴任した。一九八七年初めに帰国するまで色々のことがあったが、仕事の関係以外ではウエントワースという一流ゴルフコースの一つに入会申込をしたとき、理事長のアーチーさんが一緒に廻ってテストするという。その日、たまたまうまくいって、三七～四〇で廻った。終ってからバーで一杯飲んで色々話をした

ロイヤルウインブルドンで、マイク・ファウラー氏とプレイ。自分でゴルフバッグを背負ってプレイするスタイル

が、ゴルフも申し分ないし、話も面白い、OKだということになった。

話の中で膝の傷を見せ、これは日本軍の弾の破片だ、シンガポールで捕虜になっていた、だけどもう大分昔のことだ、我々はこの仲よくしなければいけない、と言ってこのアーチーとはその後仲よくなってゴルフ場のバーで飲んだりした。教養人、文化人というのであろうか、こういう人も中にはいるのだという嬉しい発見だった。

ゴルフでは、ロイヤルウインブルドンというコースでホールインワンをやった。私はここのメンバーでもあったのだが、帰って来てバーでビールを一杯やろうとしたら皆寄って来て、おめでとう、さあ飲め飲めと言って、随分飲まされた。日本とは逆だが、本当はお祝いというのはホールインワンをやった人を祝うのが理の当然ではあるまいか。

また、ロンドンブリッヂの袂にホールインワンクラブというオフィスがあって分厚いブックにサインするとパターを二本交差させた模様のついたネクタイをくれる。話の中で日本でも一度やったと言ったら、二度以上ならこれも、と言って交差の真中に縦棒の入ったのをくれた。他に色々ホールインワン関連の小物を売っていたので少し買って帰った。タイは今でも愛用している。

川崎汽船の代理店の何百年だったかの祝賀会があり、川崎汽船の熊谷社長がみえて、代理店の社長トレバー・レイン氏他でゴルフの会をやった時のこと、私は両社長と一緒にプレイしたのだが何ともゴルフの調子が悪く、くさっていたところ、ショートホールで珍しく近くに乗って歩き出したら、丁度そこにあった茶屋からゴルフ場の人が飛んできて、「ミスタークニ、日本からの電話だ、サムシング ロングのようだ」と言うので出たら、家内の姉からの電話で、大学生の次男がオートバイの事故で、すぐ帰ってくれ、と言う。

咄嗟《とっさ》に家内を帰そうとなったが、家内は社長夫人のお伴をしていて、英国事務所の英国人トップのファウラーさんの夫人とホテルで落ち合う予定という。ファウラー夫人にやっと連絡をつけたところ、行き先を知っているから私にまかせろと言う。そして家内をみつけ、社長夫人は置いたままで飛行場に直行、家内はパスポートは持っていなかったのだが、出国審査係官はかまわぬすぐ行けと通してくれ、出発直前の日航機に座席が一つあったとのこと、出発出来た。

ところが、日航支店長が東京と連絡、事情を話したところ、本人と確認出来る人が迎えに来なければ入国させないと成田の係官が言っているとのこと、川崎汽船の秘書課長に来てもらってやっと入国できた。

その後、次男は皆様に助けていただいて全快、会社勤めしているが、英国の実情に即した応急処置、日本の杓子定規さ、考えさせられるところだ。

フェアネスを特に大事にする英国人

他に特筆すべきことは特にないが、仕事の他にはなるべく楽しいことをする、英国人との付き合いをふやすよう努力した。その一つを書いておこうか。

英日協会の会長で英国海運関係の重鎮というべき人と時々ゴルフをやった。彼は必ず愛犬をつれていた。真直ぐ百ヤードは飛ばすのが英国人は実にうまいのだが、英国のゴルフ場のラフは一米《メートル》ほどもある高さの這い松の塊りが多く、ミスしてラフに入るとロストボールが多い。だが、この人は愛犬に合図するともぐって行ってボールを取って来る。他にこういう人はみなかった。

英国の最後に一つだけ英国人の尊重する徳目について書いておこう。

人として守るべき徳目には色々あるが、彼らはフェアネス（公明正大さ）ということを特に大事にするようだ。君はフェアーでないなどと言おうものなら、大変な勢いで反論する。感心するのだが、さて日本はどうか、恥の文化などといわれたが、今はどうだろうか。

ここで一寸《ちよつと》書き加えると、英国人は会社関係の付き合い、顧客の接待は大抵昼食時にして就業時間が終るとさっさと帰宅する。こうした付き合いの時、友人同士、プライベートの交際でも付き合いの中心は会話である。とにかく会話を楽しむ。そしてまず必ず日本の歴史や風習、伝統文化などについて聞かれる。また、音楽にでも絵画にでも蘊蓄《うんちく》を傾けると座が盛り上がるし、尊敬もされる。仕事やゴルフの話もよいが、そればかりでは一寸《ちよつと》淋しい。英国人との会話は楽しいもの、随分エンジョイした。

ここで日本と欧米諸国との労働に対する考え方、文化について考えてみたい。

日本では、それが儒教から出たのか、どういう経過で生まれて来たのか詳らかにしないが、働くことはよいことだという文化がある。経営者にとっては都合がよいので美徳とされる。これに対し欧米では、アメリカの奴隷労働や欧州の炭鉱労働（日本でも佐渡の金鉱などで同じことが言えたであろうが）などで明らかなように労働は苦しみであると考える。したがって仕事はなるべく短くてすますよう、企業は利潤を上げなくてはならないのだから、効率を上げて勤務時間内に終らせようとする。残業などはなるべくせずに、午后五時なら五時にさっと帰る。

日本では働くこと自体に価値があるのだから残業は当然のことになる。昔を思うと、課長が帰らなければ課員は帰れないし、仕事も必ずしも効率よく働かない。残業もサービス残業になって残業時間も正確にはつけなかったりする。

企業の業績も欧米式勤務のほうが上がり易いとも考えられるし、そうして出来た自分の時間を使って色々の勉強や趣味にあてることが出来よう。私の場合も毎晩遅くなって家庭団欒の刻《とき》を持ち難かったこと、後悔している。英国の老婦人たちの考古学の集《つど》いや付き合いの時の会話なども、こうして出来た時間があってこそともいえよう。会社の働き方も変わってきたともきくが、こうした日本の伝統的な勤労に対する考え方も一考に値するのではなかろうか。

さらに言えば、有給休暇も取るのは後ろめたい、何か罪悪のような風土がある。欧米では二週間以上の夏季休暇をとるのは当たり前、オーストラリアでは二週間の夏季休暇は強制で、とらなければ雇用する会社が罰金を取られる。若年駐在員だった最初の英国勤務では、土日を含めてやっと一週間の休暇をとったら、どうして一週間なんだと一寸《ちよつと》軽蔑的に不思議がられた。団体ツアーは二週間以上が普通で、当時一週間というのはなかったから、個人ブッキングで高くついた。そんな高い金を払ってまで行くのかと理解がつかないようだった。

また、労働自体に価値があると考える日本の場合、労働を高く買うのではなく、労働は当たり前なのだから残業代も払わぬのみか、安く上げるために、非正規労働者をふやすようになる。労使関係は本来対立関係、使用者は労賃をなるべく安くしようとする。その際、日本の文化のほうがやりやすいということであろう。名目賃金は上がっても実質賃金は下がっている現在の状態は是非何とかしなければならぬであろう。

私は日本の中小企業の人たちの素晴らしい業績や、工芸などにおける弛まぬ修練などに心から敬意を払うものであって、これは日本の勤労に対する文化の賜物と言えるだろうと考える。労働の価値の尊重というこの日本の文化を、使用者の恣意的濫用でなく、あるべき姿、楽しんで誇りを持って働くという本来の姿に持って行ければ、生産性も上がり、非正規労働もなくなって、実質賃金も上がるという方向に行くのではないか。日本でこその姿ではないか、フェアーとはこのことではないかと考えるのだが如何《いかが》なものだろうか。

一九八七年初め帰国して約十五年に及んだ外地勤務は終りとなった。色々の思い出が次々湧いてくるが、つらいことも随分あったが勉強になったと感謝している。

それから約三年間、川崎航空サービス（現Kラインロジスティックス）という子会社の代表取締役として働いた。この会社はエアフォーワーダーとしては大手の一端に連なり、旅行代理店としては多くの同業社の中で優れた実績を持つ別会社となって活躍し、川崎汽船グループの中で収益に貢献している。

ロータリークラブで「楽しくやろうよ」

一九八七年（昭和六十二年）に帰国して間もなくロータリークラブに入会して今に続いている。

ロータリー活動はアメリカで始まった運動で、つまるところ、異業種の人たちが集まって切磋琢磨し、共同して社会奉仕に努めることを目的とすると言えるだろう。

日本では東京クラブが戦前に設立され、戦時中は休眠、戦後に東京南と北のクラブが出来、次々に子クラブ孫クラブが出来、ふえるにつれて地区としてまとめられ、現在は日本全体で三十四の地区となって活動している。

東京は、私が入る一九八七年の少し前までは一つの地区だったが、多くなったので北と南に二分して北が二五八〇地区、南が二七五〇地区となっている。私が入会した東京南クラブはこの二七五〇地区に属し、戦後東京で最初に出来た二つのクラブの一つだが、会員数は増減があるが最多で二百二十名ほど、現在二百余名である。

毎週一回、昼食時に例会を持ち、三十分の食事のあと各界の知名人にお願いして卓話をきく。食事のテーブルでは会員と談笑、時々席が変わって色々の会員と様々の話が出来て、為《ため》になり、また楽しい。折あるごとになにがしかの寄付をするが、会費の一部も充当されて、クラブとして、また他のクラブ、時には外国のクラブと組んで様々の奉仕活動をしている。会員になると何かの委員会に属するが、七月から翌年六月までの一年間がロータリー年度ということで一年ごとに役目が変わる。

私は色々の委員をしたあと、二〇〇一年から二〇〇二年の年度、会長を務めた。会長はクラブ活動全般に責任があるわけで、なかなか楽ではないが、例会の活性化には常に力《つと》めたつもりだ。

モットーを表明するのが普通で、私は「楽しくやろうよ」ということにした。単純なモットーだが、例会に出ても仲間とばかり話して面白くない、と言ってやめた人がいたので、例会等では誰とでも楽しく語り合うこと、そして活動全般についても同様に楽しくやることを目掛けたわけである。実際はどうだったのか、御批判を仰がねばならぬが。

「オーケー、一ドル」

次に、二〇〇九年から二〇一〇年の年度に、地区のガバナーというのをやらされた。ガバナーというのは国際ロータリー会長直属の役員ということで、自クラブの属する地区、私の場合二七五〇地区の活動を取り仕切らねばならない。

二年前にガバナーノミニーに指名され、翌年ガバナーエレクト、そしてその次の年がガバナーというわけだ。

ノミニーの時から色々の会合、セミナー等々に出て教育され、ガバナーになる年には二月にアメリカ太平洋岸のサンディエゴに全世界のガバナーが集まって缶詰教育がなされ、これに出て初めてガバナーになることが出来る。

この教育はなかなか大変。十日間ほどの間、休日は一回の半日だけ、そしてまた、アメリカ人はお祭り騒ぎも好きとみえて、ある一日は国々のグループで踊りをみせたり歌ったりというのがあって、この年の日本グループは阿波踊りをやったのだが、その練習時間に指定されたのが、丁度この半日休みの時間。皆ギャフンとなったのだった。

気晴らしがないので、ある日の短い昼休み、昼食を大急ぎで食べて、数人で港に舫《もや》って（つないで）人々にみせている退役航空母艦ミッドウエイをみに行った。

この艦は太平洋戦争で戦った米海軍の有力艦で名前は憶えていたのだが、入艦切符を売るデスクにおばさんがいて、掲示に大人、たしか十ドルほど、子供いくらとあり、軍人は一ドルと書いてある。

私はためしに「アイ・ウォズ・ア・ネイバル・オフィサー」と言ってみた。そしたら「ユーエス・ネイヴィーか」と言うので、「ノー、ジャパニーズ・ネイヴィー」と言ったら、「オーケー、一ドル」だと言う。軍人というのは米軍人のことだろうから、面白いものだと、米英人のセンスに嬉しくなったことだった。

親日の南太平洋の島々から

二七五〇地区には日本の他の三十三の地区にはない唯一の例外として、パシフィック・ベイスン・グループと言っているが南方のグアム、サイパン、ポンペイ、パラオ、トラックに全部で八つのクラブがあるが、これが二七五〇地区に属している。

八つのクラブでは一つの地区を構成するには小さすぎるわけだが、一番近いのはフィリピンの地区であろう。それが何故日本の地区に属しているのか、聞いたところではどの島であったか、ペリリュー島と思うが、太平洋戦争中に、米軍が目前となって、守備隊長が住民を集め、我々はここで玉砕するが、君たちにはこの島にある舟を全部やるから逃げなさい、と言って島民を退避させたという。この話が伝わって戦後ロータリークラブが作られ、どうしても日本の地区の一員となりたい、となったという。

グアムを除いた島々は日本の委任統治領だったわけで、今でも日系人は多く、島民たちは子供に日本名をつける人が多いという。昔を懐かしがる老人も結構いるようだが、「中国や韓国は力を入れて、相当の投資をし、中国大使館は各島国にあるが、日本大使館は一ヶ所だけだ。投資のプロジェクトは幾らもあるのに日本は眼を向けない。残念だ」と言う会員もいた。

山に緑を、幼な児には躾を

ガバナーには色々の勤めがあり、一々は書かないが、最も大変なのは前出のサンディエゴと年一度の地区大会、それから各クラブの公式訪問であろう。

公式訪問というのは、地区内のすべてのクラブの例会に一度ずつ公式訪問を行って卓話をしなければならない。

二七五〇地区の場合、私の時には九十一のクラブがあり、複数クラブで合同例会をするケースもあるので九十一回やったわけではないが、毎日のように懇談と卓話をやるのは並大抵のことではない。特にパシフィック・ベイスンには五つの島に八つのクラブがあるのだが横の航空便がほとんどなくて、一々グアムに戻ってからとなるのと、真夜中二時に出る便しかないとかで、十日でこなせればよいほうであった。しかし、皆熱心に迎えてくれたのは嬉しかった。

卓話では、時の国際ロータリー会長のテーマ、私の時の会長ジョン・ケニーさんのテーマは、ローターリーの未来はあなたの手の中に（THE FUTURE OF ROTARY IS IN YOUR HANDS）というのであったが、これを会員に説明、理解してもらうのが義務で、その後、私の何らかの話というわけである。

ガバナーもそれぞれテーマ、モットーを持つ習慣というわけで、私は実のところあまりモットーの類いは好きではないのだが、「山に緑を、幼な児には躾を」というのにした。

木々はCO_2を吸って酸素（O）を排出する。雨水を吸い上げて新緑の中に保水した後、小川から大河へ、灌漑用水となり、そして海に流れ込んでは健康的でおいしい水産物を育てる。今叫ばれている大気汚染対策には木々を育てることが一番だ。

また、戦後は所謂《いわゆる》民主主義のはき違えで、自分さえよければよいという傾向が広く見られるのではあるまいか。仏の悟りに「諸法無我」とあるが、すべてのものはそれだけで存在しているものはない。また、存在出来ないのだ。

卓話でも時々例にひいたのは、英国では、電車に乗っていて子供が坐っている前に老人が立って、その子供が席を譲らないと、大人がその子の首筋をつかんで立たせるという話。私の子供も似たような経験をしているのだが、要するに子供の躾は大人の共同責任だという考えが徹底しているということであろう。その子の親がいると、どうもすみませんとあやまる。

これが日本だと、どうだろう。この頃は、時々席を譲ってくれる若者もいるけれど、優先席に坐って狸寝入りをして知らん顔というのも少なくない。子供を立たせたら一緒の母親あたりに睨まれそうで、なかなか手が出ない。

このところ、保育園がうるさいから建設反対とか、公園で子供がうるさいから黙らせろとかいう話をきくが、コンサートホールではあるまいし、子供の教育に大事な戸外で元気に遊ばせることの大切さを忘れた考えで、欧米の子育て共同責任感と真反対のことである。まことに情ないこと、日本の将来を案じざるを得ない。躾とはだまらせることではない。

この私のテーマ「山に緑を、幼な児には躾を」というのは簡単なようでなかなか難しい、色々の問題をはらんでいるが、しかしこれを追求して行けば必ずすばらしい国が出来上がると考える。

私は、英国がこうした理想を達成しているとは必ずしも思わない。様々の問題はあるし、やはり私は日本が大好きだ。もののあわれを解するのは日本人以外には一寸《ちよつと》考えにくいのだが、しかし、今日の日本人に人の幸せを考える心が十分なのかどうか、反省してみる必要があるのではなかろうか。

平和フェローを育てる

ガバナーを終えるとパストガバナーとなるわけだが、なかなかパストとはならず、色々の役目を仰せつかる。

国際ロータリーではポリオ（小児麻痺）撲滅運動を行っているが、もう一つの重要な活動に平和フェローを育てる運動をやっている。平和フェローというのは、世界を平和にするにはどうしたらよいのかという平和学とでもいうものを勉強する学生のことを指すが、国際ロータリーでは世界の五つの大学に、三年以上社会で働いた人を、それぞれ十人まで委託してきており、アジアでは日本の国際基督教大学が唯一の大学で、二〇〇二年に始まって以来今十三期生の教育が始まっている。

この大学は東京の三鷹にあって、私が属する二七五〇地区の中にある。周辺の六つの地区をホストエリアとして、一人一人のフェローにカウンセラー（相談相手）を会員の中からお願いして二年間の世話をするのだが、このホストエリアのコーディネーターというのを仰せつかっている。

この世界で五つのセンターから、毎年五十名ほどの卒業生が研究成果を発表して巣立って行き、国連その他何らか平和活動に関係する団体に就職して立派な活動を行っている。

私は、これはロータリー運動の中でも最も価値ある活動と思って努めている次第である。

第五章

伊勢の神宮

——大宮司として触れた神道の心

青天の霹靂に驚いたが

一九八九年（平成元年）末だったか翌年初めだったか東園掌典長から電話があり、一寸話《ちょっと》があるので会いたいとのこと。

お会いすると神宮（神宮というと伊勢の神宮のこと、何もつかない神宮は一つしかない、したがって伊勢神宮という通称は本当は誤り。神宮または伊勢の神宮というのが正しい。他は橿原神宮、平安神宮、明治神宮の如く名前がついて天皇が御祭神。まあ伊勢神宮という通称は広まっているから別に反対はしないが）の幡掛《はたかけ》少宮司と酒井筆頭禰宜《ねぎ》（総務部長）も同席している。話は「現在神宮は大宮司が欠けている、私が最も適任と衆議一決しているので是非考えてほしい」とのこと、青天の霹靂に驚いた。

大宮司という職は、歴史的には京都の上位公家がなってきた。明治以後は公家とは限らぬが上位の華族がなってきた。皆、神職経験者ではなく所謂《いわゆる》素人である。

私の家では曾祖父朝彦親王が明治以後初代の祭主で、その子供三人が皇族として祭主を継いでいる。大宮司はいないのだが、戦後の現在、皇室に近い旧皇族が大宮司になるのは十分考えられること、中でも今や年長の私がその経歴からいっても最適であるという論法である。

私の家には庭の森の中に祖霊を祀る御霊殿とお稲荷さんがあって時々お参りしたし、お供えのお下がりからおはぎなど時に失敬したり、神様は決して遠い存在ではなかったのだが、長い会社生活の中で一寸《ちょっと》離れていたし、子供の時は正坐して食事をしていたが、その後椅子の生活だし、一寸《ちょっと》無理でしょうと言ったのだが、なかなか引き下がらない。

その後、何度か会うことになったが、会社生活もそろそろ終る頃だし、これからの余生を神職になって今まで深く考えてこなかった神道を含む宗教に親しむ、そして神道を通じて人々のお役に立てるとすればそれもよかろう、やってみようかと思うようになった。

そして平成二年（一九九〇年）に臨時株主総会をやって退社し、五月に勅許を受けて神宮大宮司に就任した。

大祭で祝詞をあげて

五月に着任、神宮司庁、工作場、神楽殿等々の施設を一巡し、主な大社への挨拶廻り等々多忙な日々を過ごし、六月の月次祭《つきなみさい》を迎えた。これは祭主と共に大宮司が主催する五大祭の一つである。

この他に大宮司が頭になって行う中小祭が幾つもあるが、大祭は斎館に二夜参籠、その他はほとんどが一夜参籠である。そして肉食を断ち（魚と鶏は可）、羽織袴で斎館入り、起床時、祭事に参進前後に潔斎（水をかぶる）をする。

さて、何も知らぬ私は斎館で一から習礼《しゅらい》を受けた。神宮の祭式は細かくきまっていてここで細かく書くことは控えるが、神前に敷きつめられた白い小石（宮川から拾ってきたおしらいし。遷宮前に神領民によっておしらいしもちという行事で敷きつめられる）の上に薄べりを敷き、その上に正坐するのだが、そこから祭式通りの方式で定時に立ち上がって神前に進み、定められた坐の上で祝詞《のりと》を読む。前後の拝の仕方もきまっているが、この祝詞は大祭では大宮司の大きな役目だ。

神宮の祝詞は神様におあげするのだから、他の人たちに聞かせる必要なく微音であげる。これが申し訳ないが助かった次第で、斎館の習礼で教わって数十回ほども暗誦して覚えたつもりが本番ではわからなくなる。

送り仮名がすべて漢字（「に」が「爾」、「の」が「乃」のように）で小さく書いてあり、また、お祭りはほとんど夜。夕べの大御饌《みけ》が参進十時、帰着略《ほぼ》十二時、あしたの大御饌が二時参進略四時帰着で一切電燈なしの松明《たいまつ》と提燈《ちょうちん》で、大宮司の祝詞の坐の隣には権禰宜《ごんねぎ》が一人松明を差しかけてくれているが、送り仮名も、またその他の場所の読み方もなかなかに難しく、風に祝詞の紙も松明の火もゆれてすらすらと読み進むのは困難だ。初見でつかえずにやれる人はまずいないだろう。

つかえると「神様ごめんなさい」と心で謝って先にとばす。天照大御神も遥かな子孫に

「いいよ、いいよ」とおっしゃって下さったのではないか。

祝詞はお祭りによって少し違うが骨組は同じ、数回やるうちに覚えた。覚えていなければとてもやれるものではない。

袴と木沓

お祭りで初めの頃困ったのは、神宮独特の拝に八度拝というのがあって、まず四度立ち上がっては坐って、毎度深く拝してから手を八度打ち、もう一度同じことをするのだが、大宮司の始動に、勅使と随員の他、横にコの字に列座している少宮司、禰宜、権禰宜、宮掌《くじょう》という二十人ほどの神職が合わせて立ったり坐ったりするのだ。

伊勢の神宮の大宮司として、
装束に身を包んで

最初の頃は袴になれていないので裾を踏んでふらふらしたりすると、皆が私を待っている。あわてざるを得ない。

私以外の神職は初めから神職のキャリアを過ごしてきた人がほとんどで、自分できちんと着衣するのだが、私と少宮司の着衣は神宮に入りたての出仕という連中が稽古を兼ねて着せてくれる。上手な人と不慣れな人がいるのは当然で、新参者の私には、ここをこうしてくれと言う智恵もない。

大宮司の袴は形よく長目につけるように言われているので長目、即ち裾を踏み易い。慣れてきてからは立つ時、一寸《ちょっと》はねるようにしたら、うまくゆくようになった。

皆さん御存知の神主が穿く木沓（靴）、浅沓というのだがこの穿き方にも要領がある。慣れた神主連中は小走りに走ったりするのだが、しばらく慣れるのに時を要した。ごろごろした小石の上は特に歩きにくい。石階《せっかい》の昇降にも一工夫がいる。

小一時間、正坐したあとに

子供の時以来長いこと正坐でなく椅子の生活に慣れてきた身にとって、祭事での正坐にはしばらく苦労した。

五大祭奉仕の時は立って行って神前で祝詞をあげると禰宜以下は献饌《けんせん》、撤饌《てっせん》、一献《こん》から三献までのお酒をあげるのに立ったり坐ったりするが、大宮司、少宮司は坐ったまま、八度拝など拝の時一寸《ちょっと》足をのばせるだけで、白石の上の薄べりに坐っているのはなかなか大変だった。最初のうちは坐る要領も悪かったのだろう、膝に水がたまったりした。

この他にも正月の一番神楽と十一日御饌《みけ》というのが長く正坐するのだが、殊に正月の一番神楽は一般の人々を後ろにして大少宮司であげるために坐る。この一番神楽は除夜の鐘と同時に始まるのだが、正宮前の石階の下で待ち構えていた参拝の人々が、一斉に石階を昇って参拝する。参道には大篝火《おおかがりび》の他、幾つかの篝火をたき、小屋をたてて白酒を振る舞い大変な賑わいとなる。人々は餅を持参して篝火で焼き、その年の無病息災を願う。

我々は一番神楽のあと歳旦祭《さいたんさい》奉仕、一月三日は元始祭《げんしさい》、十一日は御饌、等々、四日に総理以下諸大臣参拝、また、連日の参拝の方々の安全の最高責任者だから、十五日までは神楽殿出勤、職舎での正月のくつろぎはそのあととなる。

小一時間坐ったあと、大宮司に対して最初に「どうぞおひらき下さい」と言われ、衆人（皆さんは安坐）環視の下、最前列からすっと立たねばならぬ。御想像下さい。他のほとんどの神社は床几《しょうぎ》で祭事をやっているが、神宮は古儀を守っている。私は変えるべきでないとこれを評価しているが、十一年間の御奉仕のなかで追々慣れることが出来た。

正坐の他に蹲踞《そんきょ》せねばならぬことがあり、これにも要領がある。三節祭（六月と十二月の月次祭《つきなみさい》、十月の神嘗祭《かんなめさい》）のとき、内宮《ないくう》正宮の御贄《みにえ》調舎（石段の下の蕃塀《ばんべい》――外来者への目隠しのための衝立――の後ろにある板葺きの建物）で権禰宜が鰒《あわび》を忌箸と忌刀で豊受大御神《とようけのおおみかみ》（天照大御神のお食事を司る御饌津神《みけつかみ》。外宮《げくう》正宮の御祭神）の御照覧の下に調理するのだが、その間、脇で蹲踞していると、六月の月次祭の時だったか、南を流れる神路川（風日祈宮橋《かざひのみのみやばし》の下を流れて瀧祭宮の所で五十鈴川に合流する）のほうから河鹿《カジカ》（蛙の一種）の声が聞こえることが多い。懐かしく思い出される。

神路川では翡翠《カワセミ》を見ることもある。内宮のお祭りで坐っている目の前に蛍が飛んで来て、一休みして、また飛んで行ったこともあった。

遷宮御奉仕のこと

内宮の御鎮座は、日本書紀によれば、「天照大神が倭姫命《やまとひめのみこと》に誨《おしえ》て曰く、この神風の伊勢の国は、常世《とこよ》の浪、重浪《しきなみ》の帰《よ》せる国なり、傍国《かたくに》の可怜国《うましくに》なり、この国に居たいと欲《おも》う」と告げられたとあり、垂仁天皇二十六年秋九月甲子の日ということになっている。

西暦一九九六年の年が丁度、内宮御鎮坐二千年にあたるということでお祝い行事が行われた。内宮御鎮坐はキリスト生誕の西暦元年（四年違うとの説があるが）より四年早いというわけだ。外宮は約五百年後、御饌津神豊受大御神をお迎えして創立された。

神宮の神殿が米倉を基とするとか、建築の細かい検証、年に千数百回ある祭事、神宮を構成する百二十五のお社、千数百の御装束神宝等々、書けば一冊の本になるが、色々の書物が出ているので、そちらに譲るとして、お祭り御奉仕のうちでも最も印象に残る第六十一回遷宮御奉仕について書いておこう。

遷宮は天武天皇の御発案で、持統天皇四年（六九〇年）に始まり、千三百年余となり、途中、戦国時代に約百五十年間中断したが、二十年ごとに行われて平成五年十月に第六十一回が行われ、御奉仕した。

平成二十五年の第六十二回の時は神宮顧問として供奉員として御奉仕をした。元大宮司で二度目の御奉仕をしたのは私だけということらしい。

遷宮の祭りは八年前の山口祭、木元祭《このもとさい》に始まり、三十二もの祭りがあって、御木曳《おきひき》、お白石持ち、宇治橋渡り初め等あり、平成五年十月二日内宮、十月五日外宮の遷御が、それぞれ五夜参籠のあと斎行された。

清々しく明るい雰囲気の中で

宇治橋渡り初めについて一寸《ちょっと》書いておこう。

古来この内宮参道の前、五十鈴川にかかった宇治橋は遷宮ごと、同じ年にかけかえて渡り初めが行われてきたのだが、昭和二十四年が遷宮の年であったところ、昭和天皇が、国民が生活に困っているのにお金をかけて遷宮をするのは心苦しい、神意にそわないのではないかと言われ、延引のこととなった。

せめて宇治橋はかけかえようとて、橋だけは昭和二十四年にかけかえ、渡り初め式は行われたのだが、それを聞いて横山大観他の画家が自作画を奉納し、これを処分して一部でも遷宮を行って下さいと申し出たところ、これをきいた多くの人々が献金して、四年後にようやく遷宮が行われた。それで渡り初めと遷宮にはそれ以来、四年の間隔がある。

前日夕刻、川原大祓《かわらおおはらい》という御神体をお納めする仮御樋代《かりみひしろ》、仮御船代《かりみふなしろ》、遷御に使う用具や御装束神宝、奉仕者全員の祓いが行われ、当日昼のお飾りのあと遷御となる。

遷御の時には特設手洗も作ってあるのだが何分長丁場となり、またこうした装束ではなかなか難しいので、朝から飲み物を控え、お茶はとらないこととした。実際には緊張のためか、その気は起こらなかった。約五時間清々しい気持ちで御奉仕出来た。

午后一時一般参拝停止、参道は打ち水され、神杉を囲う垣も真新しい青竹となり、奉祝の酒樽も積まれ、清々しく明るい雰囲気となる。

二時、全国から参集した礼装の特別奉拝者約三千名が入場を始め、席に着く。忌火屋殿《いみびやでん》では神職が火鑽具《ひきりぐ》で火を起こし、蠟燭《ろうそく》に灯す。この火が遷御の儀では、殿内の灯明、庭燎《ていりよう》、松明《たいまつ》の火種となる浄火である。

我々奉仕者は十分の余裕をみて着装するのであるが、当日の装束は、大少宮司は束帯黒袍《そくたいこくほう》、明衣《みようえ》、木綿鬘《ゆうかずら》、木綿襷《ゆうたすき》に裾《きよ》をひく。禰宜は黒袍でなく赤袍である。これがなかなかに重い。軽目のゴルフバッグをかついだくらいあろうか。

遷宮での装束は、束帯黒袍、明衣、木綿鬘、木綿襷。
そして後ろに長く裾をひく

浄闇に重々しく響く警蹕《けいひつ》の声

そして六時に夕闇迫る神域に祭列の出発を告げる太鼓がひびく。

玉砂利を踏むざっざっという音が一糸乱れず響くが、祭列の先頭は勅使と随員、次に祭主、大宮司、少宮司、禰宜以下神職や職員たち総勢百五十名余りが瞬く松明の中粛々と進む。

玉串行事所において、勅使、祭主、大少宮司、禰宜は太玉串を両手に受け取り、裾を引いて参進、内玉垣御門下に玉串を納めて中重《なかのえ》の席につく。

次に勅使が「新宮にお遷りを請奉る」旨の祭文を奏上、次に大少宮司が御扉《みとびら》を開く。

所役の読み上げる召立文《めしたてぶみ》に従って、御装束神宝を神職たちが受け取り、捧げ持って並ぶ。出御の時を迎えて、庭燎、常夜燈、高張提灯の灯が消され、浄闇《じょうあん》のしじまに閉ざされる。天岩戸開きの故事にならい鶏鳴所役が「カケコー」（外宮はカケロー）と三声唱えると、勅使が階下に進んで「出御《しゅつぎょ》」と三度奏上する。

これが八時丁度であるが、大少宮司、数人の禰宜の捧げる神儀（ご神体）は行障《こうじょう》と絹垣《きんがい》に囲まれて出御となる。

楽師十二人による道楽《みちがく》がこの列の周囲に流れ、時折、勅使随員の「おー」という警蹕《けいひつ》の声が重々しく浄闇に響き、普通なら三～四分もかからない隣の新宮への下り上りの石階をその何倍もかけてゆっくりゆっくりと進む。

周辺では参拝席から拝礼の拍手が湧き起こる。

白木の棒を肩に一歩一歩ゆっくりと進む。道楽と拍手とそして木々に囲まれた浄らかな闇、何とも表現しきれない気持ちだった。

新宮ではご神体の入御《じゅぎょ》のあと、御装束神宝も次々殿内に納められ、御扉を再び閉める。そして着装後五時間ほどたって斎館に戻り、この日のお勤めが終る。

風にのって秘曲が微かに聞こえる

翌朝は六時に新宮で初めての大御饌を瑞垣《みずがき》御門の前に供え、大宮司が祝詞を奏上する。十時に遷御と同じ服装で奉幣の儀、東宝殿に幣帛《へいはく》を奉納、その後、勅使らと共に五丈殿で古式饗膳を囲む。

午后二時、旧殿に残されていた神宝類を西宝殿に移送、午后五時、御神楽と秘曲が奉納されることを大御神に奉告する御神楽御饌《みかぐらみけ》が行われ、午后七時、四丈殿において、宮内庁の楽員により御神楽と秘曲の奏楽が始まる。

私共は楽員の脇に侍して御神楽は拝聴するのだが、秘曲の前に退って見張（一般奉拝所脇にある）の所で控える。大御神以外に聞かせないので秘曲、遷宮のこの時しか奏されない曲なのだが、風にのって微かに聞こえる。古木の葉ずれの音と共に何ともいえぬ雰囲気、いまだに耳奥に残る。

十月五日に同様のお祭りが外宮で行われ、十四別宮のうち荒祭宮《あらまつりのみや》、多賀宮《たかのみや》は年内、残る十二別宮は翌年から翌々年三月まで行われる。別宮の遷御では大宮司が警蹕《けいひつ》を「おー」ととなえる。あの浄闇の中の警蹕、何ともいえぬものだ。

二つの不思議な出来事

この遷御の時、二つの出来事が私を驚かした。

一つは絹垣《きんがい》に包まれて静かに静かに古殿の石階を降り、新宮への石階を昇って鳥居をくぐった時、私の隣で白木の棒を肩にしていた酒井少宮司が急に倒れかけたこと。私は急いで、脇を歩いている一人の禰宜に「早くかわりなさい」と声をかけ、事なきを得たのだったが、あとで酒井さんは、「あの時急に重くなった、きっと神様が清らかな新宮につくのでお喜びになったのだと思います」と言っておられた。

同じ棒の反対側を肩にのせていた私は感じなかったし、酒井さんは私の三〜四歳上だけれど、まだ六十七〜八歳、身体のせいではなかろうし、不思議なことと思った。

もう一つは、遷御の時には庭燎奉仕というものがあり、庭燎とは斎庭《ゆにわ》(正殿の前の小石を敷きつめた所)にある石で囲んだ壺の所で薪をたいて明りをとるもの。遷御で出御となると消すわけだが、この庭燎奉仕には何時からか知らぬが、文化人の方にお願いすることになっているとのことで、神宮としては画家や工芸方面の人はよく知っていてお願いしてあるのだが、音楽家はよく知らないので私の知人で誰かいませんか、という。ちなみに前回の六十回(昭和四十八年)の時は作曲家の黛敏郎さんにお願いしたとのこと。

さて、著名な作曲家の人などあたってみたが、皆さん体調などで受けてもらえず、私が学習院のオーケストラで一緒にやっていて、のちに藝大の打楽器科に入り、さらに指揮者になって世界的に活躍している岩城宏之君に声をかけたら、一の返事で「面白そうだ、やらせて下さい」と言う。

さて内宮遷御の日、参進のため斎館前に並んでいると、飛び跳ねるようにしてやって来て、「こんなもの着ましたよ」といって満面の笑。水干《すいかん》というのを着て喜んでいる。

そして遷御が終って私が職舎に一時帰っていた時だったと思うが、電話をかけてきて、いきなり高ぶった声で、「神様っているんですね」と言う。「どうしたの」と言うと、遷御の時、出御となって絹垣に囲まれて神儀が正殿を出た途端、この森厳な正殿が荒《あば》ら家になったと言う。そして、自分は無神論者だったのだが、一寸《ちよつと》宗旨を変えます、と言う（よく無神論者だと言って恰好よがっている日本人がいるが、本当の無神論者など滅多にいない。日本人の宗教意識について言われることと関連するが、のちに考えることとしよう）。

そして対談に引っ張り出されて、廃刊になったさる雑誌に載ったり、また彼は私のロータリークラブや他のクラブ、その他色々な場所での卓話や対談で語りまくっていたようだ。彼はまだまだこれからという時に惜しくも亡くなってしまった。

遷御について憶う時、必ず浮かんでくるこの二つの出来事、不思議といえば不思議なこと、忘れ難い思い出だ。

最近、私の二代あとの大宮司の鷹司尚武君と話していて、平成二十五年の遷宮奉仕の話となり、大宮司が絹垣の中で神儀を肩に静々と歩んでいた時、この超低速度ではゆれるわけがないのに、交差した棒の上にのせた御神体がお神輿のようにゆれたとのことであった。絹垣の中にいた、丁度同席していた人もそうだったと言っていた。

似た話を思い出すが、猿田彦神社の宇治土公《うぢとこ》宮司が戦時中であったろう、靖国神社に奉仕していて、戦死者の霊璽（霊代《たましろ》。神・人の霊の代わりに祭るもの）を肩に（遷御の時と同じように、多くの霊璽を数人でかついだのであろう）合祀するためにお宮に向かって進んでいた時、ゆれたという話をしておられたのを憶えている。

世界の真正の宗教は神霊を信じる点で共通

多少関連するかもしれない挿話を入れておこう。

第六十一回遷宮が終るまではとても無理だったが、平成七年に神職研修の旅行会でイタリーに行った。ヴァチカンで法王を表敬訪問する日程が組まれていて、丁度その日（たしか水曜日だったと記憶するが）が公式に信者の団体に会われる日で、数千人もいるかと思われる大きな部屋で神道グループ（神宮からは私一人、神社本庁総長、諸神社宮司他二十人ほどであったか）には最前列の席が与えられ、法王は各国のグループにそれぞれの国語で短い法話をされた。

このヨハネ・パウロ法王はソ連支配下のポーランドで、宗教弾圧のもと道路工事のような仕事で生計をたてながら、山奥の人目につかない所でカトリックの活動を地道に堅実に続けられた方で、信者には総じて尊敬され、慕われていると聞いていた。会場の雰囲気も熱を帯びたものに感じられた。

そして、神道の方々よく来られた、代表の方壇上へと言われるので、私が上がって行き、しばらくお話しした。そして、「世界の真正の（authentic：本物の）宗教は神霊（Spirit）を信じ奉仕する点において共通なのだ、皆力を合わせて人々のために努力せねばならない」と言われる。

私は「その通りです」と言い、神道について概略説明した。法王が神様をスピリット（みたま）と言われたところに深い意味、考えさせられるものを感じた。

この現在を正しく明るく生きて、至るべき常世へ

遷宮についてよく受ける質問に遷宮は二十年ごとに行われるが、膨大な数の御装束神宝を全部新調し、神殿もまだもつだろうのに建てかえる。勿体ないではないか、というのがある。

遷宮は、「日に新たに。お祓いをし、禊《みそぎ》をして常に身心を清く保つ。生まれかわって、この現在（中今《なかいま》という）を正しく明るく生きて、至るべき常世《とこよ》に向かう」という神道の考え方から来ているわけで、その象徴として二十年ごとに神殿、御装束神宝を新替するわけである。

御装束神宝は嘗《かつ》ては焼却したり埋めたりしていたが、現在は神宮経営の博物館、徴古館等に納められる。また神殿の撤下材は全国の神社で震災や津波で滅失したお宮や、修理に必要なお宮に上げている。棟持柱《むなもちばしら》の太い柱は宇治橋の鳥居、それから二十年後、桑名の昔の渡し場の鳥居へと廻されて行く。というわけでこれらは決して無駄に廃棄されるわけではない。

遷宮のあと、奉仕者、関係者一同、和歌を詠進する習わしがあり、一般からも献詠を募集、選者により入選作を選んで、内宮神楽殿で冷泉流披講式が行われる。神社奉仕者、関係者の詠歌は「栄久」という歌集にまとめられている。恥ずかしながら、私の詠進歌を左記しておこう。

御遷御《みうつり》の　神事仕《かむわざ》へ　みあらかに
ただにひれ伏す　やすらぎませと

また、正遷宮の翌年には参道に施設を作って全国からの奉納行事が行われるが、私の作詩作曲の「常世《とこよ》の舞」と、池田祭主の作詩、私の作曲の「幽寂《ゆうじゃく》の舞」という二曲の舞楽を宮内庁元首席楽長の豊《ぶんの》英秋氏の作舞、十二音会という雅楽団体の演奏で奉納した。「常世の

神宮での参進。中央が池田厚子祭主（右から二人目）。少し離れて左隣が私、その左隣が酒井逸雄少宮司

正遷宮翌年の奉納行事の一環として行われた北ドイツのオーケストラによる演奏会でチェロを弾かせてもらった

舞」では神宮の四人の舞女《まいひめ》が、また「幽寂の舞」では楽部の大窪永夫氏が舞を担当した。

また、北ドイツのオーケストラの演奏をスポンサー奉納した団体があって、ドボルザークの「新世界交響曲」などを演奏したのだが、私もチェロで入れてもらったのも思い出だ。

尚、平成二十五年に行われた第六十二回遷宮では供奉員として奉仕したが、その翌年の奉納行事では、曾祖父朝彦親王の「水清くいまもながれて……」という前掲の御歌と、昔の神宮禰宜で著名な俳人でもあった荒木田守武の詠んだ「神路山」という短歌、

こしかたも　またゆくすえも　かみぢやま
みねのまつかぜ　みねのまつかぜ

に私が曲をつけ、豊元楽長の作舞、十二音会の演奏、國學院大学女子学生四人の舞で奉納した。

自然の中に神様がいらっしゃる

さて、神道について私なりの考え、至らざるものかもしれないが、かいつまんで書いてみよう。

日本の山や野原の緑、皆さん美しいと思ったことはないだろうか。私は最初ロンドンに駐在して三年半ぶりに帰って来た時、当時の羽田空港は、欧州のローカルの空港よりも何だかみすぼらしく、草が生えたような空港で、空港を出ると、戦災からまだ立ちなおれない建物で当然なのだが、欧州の町並に比べると何か薄ぎたなく感じられたのだが、しばらくたってから郊外に出掛けたとき、何と武蔵野の緑はきれいなんだろうと思ったことであった。

欧州のスイスやオーストリアの山やドイツのシュヴァルツヴァルト（黒い森）はきれいではあるが、日本の山野の緑に比べるとどこか堅いように私には感じられる。針葉樹が多いとかの樹種にもよるのかもしれないが、日本の植林をされた所ではない自然の緑はきれいだと思う。日本の温帯性気候に育てられたこと、また、日本の降雨量は欧州の二・五倍強とのデータがあるが、これらがその原因なのだろうか。もっともこの頃の雨量は一寸《ちょっと》多すぎて災害源となっているようだが。

日本民族は弥生時代になって農耕生活を始め、集団生活を営むようになると、「こうした自然の中に神様がいらっしゃる。山にも海にも川にも、そして人を含めた生物の中にも神霊がいらっしゃる。人は死ねば、霊魂は自然の中に神様として鎮まるのだ」と考えた。

村の裏山で木を切って小さな場所（しろ、苗代といったりするしろ）を作り、年の変わり目や、村人の結婚等の祝い事、弔い事の時小さな小屋を建て、皆で集まって神様においでを願い（降神の儀、終ると昇神の儀）祭りを行った。

この場所がやしろ（屋をたてるしろ）であり、後々余裕が出来るとこのやしろにお宮を建てて、事あるごとに祭りを行った。このかみやしろは村の生活の中心であり、裏山、鎮守の森を大切にした。

弥生時代の遺跡にみられる宗教施設のあとはこの名残りと考えられる。これが神道のそもそもの起こりであり、日本民族はその成立のほとんど初めからこのようにして神道と親しんだと考えられる。

神道を単なるアニミズムと蔑むのは浅見

人を含めた生物にも神性を認め、人は死ぬと自然の中に鎮まると書いたが、食物とする生物を供養するのもここから出ていると言えよう。祖先を大切にして墓参りを欠かさないとか、人をお祀りしたお宮を大切にするなども、皆ここから出ているわけだ。

上代のやまと（日本）では、有力氏族の争いの中から天皇家が抜け出して王朝を作り、王朝交代説はあるものの連綿として続き、その祖とされる天照大御神が伊勢の神宮に祀られることとなった。

この神宮には今でも多くの人が参拝するが、江戸時代には人口比率でいえば今より遥かに多い人々が参拝したという。お伊勢さんには一生に一度は参りたいと多くの人は願い、何年に一度か、おかげ参りという突発的大規模な集団参拝現象が起こった。

これは、私は天照大御神が天皇家の御祖先であるから参拝したというのでは必ずしもなく、神宮が何か日本民族全体の心の柱だとでもいった感覚でなされたのだろうと考える。そうでないと、一寸《ちょっと》考えにくいし、また、そのように考えたほうが、かえって有難いものである。

天皇の神宮をはじめとするお宮への祭事は絶えることなく続いてきた。今上陛下も伝統の祭事を大切に行っておられ、誠に有難いことと思うが、神道というものは村の祭りに端を発した日本民族固有の民の宗教であって、神宮や宮廷の祭事もその起こりは「自然の中に神を感じ取る」という、この根本の感覚に発すると言わねばなるまい。日本人が心の柱と感じ考えるところに、交通手段もままならぬ江戸時代のあの大量参拝も考えられるのではあるまいか。

神道を単なるアニミズムとして蔑む考え方、他宗教の一部にもみられるこうした考え方は浅見と言わねばなるまい。

神宮には、様々な外国の人々が参詣するが、もちろん、キリスト教やイスラム教などの一神教を信仰している人も多い。そのような人々の中には、一般的にいえば、多神教はアニミズムで一段下だと思っている人も多い。

だが、ヨーロッパにしても、昔のゲルマンの宗教は多神教だ。ローマ法王が言われたよう

ハプスブルク帝国の皇位継承者だったオットー大公（オットー・フォン・ハプスブルク）との宗教談義。神道の考え方に深い共感を寄せて下さった

に、「世界の真正の宗教は神霊（スピリット）を信じ奉仕する点において共通」と考えることが重要と思う。

スピリット（神霊）が一つなのか、多くなのかという点は、宗教が成立した環境の問題も大きいのであろう。たとえば何もない砂漠で太陽が上がったり下がったりするような場所であれば、偉大な神が一つあるように思えるかもしれない。日本のような山紫水明な土地であれば、神は八百万いても不思議には思わない。しかし、現れ方が異なるだけで、要するにスピリットは一つであろうが無数であろうが、世界に遍く存在するという点では変わらないのではないか。

そのように説明すると、「ああ、なるほど」とうなずいてくれる外国の方が多かったように思う。

何事のおはしますをば知らねども

何事の　おはしますをば　知らねども
かたじけなさに　涙こぼるる

西行法師が伊勢の神宮で詠んだ歌と伝わるが、この歌はスピリットをどう感じるかということを、よく伝えている。

たとえば樹齢何百年という大きな檜の木の梢が、少しざわざわする感じ。あるいは、正殿の上に何かいらっしゃるような気配。要するにそれは気の問題で曰わく言い難いのだが、神宮の神職の人々もだいたい皆、そういう感じを持つようだ。

先ほど挙げた、私を驚かせた出来事。岩城君の感じたこと。神儀のゆれや宮司の感じた突然の加重感など。それらすべてが、不思議といえば不思議だし、変なことを言うなという方もいるかもしれないが、しかし、やはり何事かを感じさせる。

神道のみならず宗教の起こりというのは、名前も何もついてない、そのようなスピリットをお祀りすることにあったはずである。先ほども書いたように、日本の神道の場合は、社というものを作って、そこで神様の降神の儀をやり、昇神の儀をやった。宇宙の中に、大きな木の中に、あるいは川の中にいらっしゃる神霊をお呼びして、お祀りしたのが起こりである。初めは名前のついた神様ではなかっただろうが、やがてだんだん名前がついていく。日本の古代人は、そのスピリットに、たとえば天照大御神という名前をお付けして、伊勢の地でお祀りするようになった。

それはキリスト教でも同じで、聖書の中には様々な奇跡の話が書かれている。科学的にそれらの奇跡を分析しようという人もいるかもしれないが、それはあまり意味があることではあるまい。それも、当時の人々がそういうように感じ、考えたということであり、だから根本は共通ではないか。

神道の場合は、先ほども言ったように、死んだら先がどうなるかなどということは特に考えず、中今（現在）の生活を清く明るく正しく送っていれば、スピリットの仲間入りができて、必ずいい世界が向こうにあると考える。キリスト教ならば、最後の審判の後に神の国に入ると考えるかもしれない。表現は違っても、それでいいわけである。

そのようなスピリットの感覚を「深遠」ともいうことができようが、たとえば仏教では「深遠」を哲学で語ろうとする部分があるのに対して、神道では「深遠」を感じることを大切にする部分があるかもしれない。だが、それもスピリットへの辿りつき方の違いであろう。

外国の方々に、このようなスピリットの話をして、神宮のこういう素晴らしい木を見て何か感じないか聞くと、多くの人が感激してくれたし、深遠なるものを感じてくれたようである。感じるという単純なことなのだが、しかし、それが非常に重要なのだと思う。

国家神道の恣意的な考えに怒りを覚える

神道の長い歴史の中で初めて起こった大きな動きが国家神道といわれるものである。

日本は長い鎖国の夢から覚めて周りを見まわしたら、欧米資本主義国が世界の支配を争っていて、アジアの国々はほとんど植民地になっているという事実に唖然とした。そして日本が独立を保ってこれら資本主義国に伍して行くためには、富国強兵に邁進するしかないと考えた。

欧米の国々同士の戦いは絶えなかったが、この戦争の時、たとえばドイツもフランスも共に、出征兵士はキリスト教会に赴いて戦勝を祈る。神様も困られると思うが、さて日本はどうするか、やはりバックボーンというか何か守るものを持たねばなるまい。それはやはり神道であろう、ということになり、憲法で宗教の自由を規定した以上、特殊化する神道は宗教ではないとし、神道を一大政治組織として内務省に神社局を作り、神社に官幣社、国幣社以下の序列を作った。これは国家神道と呼ばれている。

神札護符の授与や祈願祈禱を行い、祝詞をあげてお祭りをするのが所謂《いわゆる》宗教でなくて何なのだろう。村の鎮守の森のおやしろで神様をお迎えして祭事をするのと、原始仏教や原始キリスト教とどこが違うというのだろう。

私は、神道を宗教ではなく、単なる儀礼であるというこの恣意的な考え、神道を利用して戦争にも至る国家主義の精神的支柱としたことに深い怒りを覚える。

戦後、ＧＨＱは神道指令を出して神道を抑圧したが、これは誤解に基づくもの。無理もないが、残念なことである。

共存共働すべき神道と仏教

神道をこのように利用する反面、明治政府は当然のように仏教を迫害した。廃仏毀釈、神社内の仏教色全廃、神社とペアで活動していた神宮寺ともいわれた寺院の破却、その仏像や仏具の破棄がそれである。これは仏教美術の大損害という意味もある、全くの蛮行と言わなければならない。

神道は日本の村々に古くから行われていたが、六世紀に仏教が入って来て、当初は争いもあったものの、長く協力関係を続けて来た。

神道には古くから、人間は、死後、祖霊を経て神になるという信仰がある。仏教にはもともと祖先崇拝の思想はなかったものの、神道のこの信仰の影響をうけて、人間が悟りを開いて仏になるとの教説が、死者が仏（祖先神）になるという教説に置き換えられ、死者を仏として供養する儀礼が発達した。

神道起源の祖先崇拝と仏教起源の成仏思想が習合して、神社の祭りに仏僧が参加したり、仏像に影響されて本来なかった神像が作られたり、神宮寺といわれる寺が出来たり（伊勢の神宮にも五十鈴川畔の林の中に神宮寺跡の碑がある）、神道と仏教とは江戸時代末までは互に影響し合って共存共働してきたのである。

神道は、仏教の「一切衆生悉有仏性」という教義に融合し易かったと言えるのであろう。今に至るまで神社と寺院はほぼ同数約八万あるが、この二つは各村（字）に一つずつあって、七五三や結婚、葬式や墓守など役割分担して仲よくやってきたわけである。今後もお互いに理解を深めて、人々のために共につとめてゆきたいものと思っている。

諸宗教が一団となって自然保護につとめよう

私は、神宮での奉仕、神社界での種々の行事参加の他に、複数の宗教の共同活動という意味の二つの活動を経験した。

その一つは、遷宮が終って間もなくの頃、平成八年か九年だったと思うが、友人の、英国の大都市銀行の一つ、バークレーズバンクの日本事務所長をしていた人に誘われてある昼食会に行った。この会はＡＲＣ（Alliance of Religions and Conservation：宗教と環境保護同盟）という会が主催したもので、この友人がこの会の日本の事務局長をしているとのことだった。

この会は、英国のエディンバラ公（プリンス・フィリップ。英国女王エリザベス二世の夫君）の提言により平成七年（一九九五年）に世界自然保護基金（ＷＷＦ。日本の理事長は前出の徳川恒孝氏）等の後援の下、キリスト教、仏教、イスラム教などの宗教関係者によって設立された団体で、諸宗教が一団となって自然保護につとめるというものとのことだった。

さて、食事会場に行くと、私の席はエディンバラ公の隣に用意されており、この会が終るまで嫌でも応でも公のお相手をすることになった。

あなたは何をしているのかと聞かれるので神宮の大宮司をしていますと答えると、何をするところかと言われる。そこで、神宮の神道上の立場、神道の説明、神道が村の鎮守の森、自然の中から生まれたこと、神道では神々が山川草木、人間を含めた生物すべての中に在すと考え自然を大切にすること等々を説明した。

すると、「ああそうですか。私はクイーンと一緒に行ったことがある。とてもよい所だった。神道とはそういう宗教なのか。それなら我々の活動そのものではないか。どうしてメンバーにならないのか」と言われる。喜んで考えます、何か説明書類を送っていただけませんか、と言うと、すぐ送ると言われ、間もなく神宮司庁、私宛に大部の書類が届いた。一読の

ネパールで行われたＡＲＣ（宗教と環境保護同盟）の大会で、英国のエディンバラ公と一緒に

後、これは一神宮ではなく神社本庁が処理すべき案件と考えて、神社本庁岡村総長に移牒した。

それからしばらくたって神社本庁主導の下、神道もこのＡＲＣに加入することとなった。

私は平成十三年に神宮大宮司を退任して、神社本庁の統理という職についたのだが、その直前十二年だったと思うが、ネパールで行われたＡＲＣの大会に参加した。エディンバラ公もおられて、久しぶり元気ですかというわけで色々とお話しをした。ＷＷＦの当時の日本所長も参加しておられた。

その後、平成十九年にはスウェーデンのゴットランド島で、また平成二十五年には伊勢で大会が行われ、私も参加した。スウェーデンの時は久しぶりにデンマークのコペンハーゲンを訪れ、知人たちとも再会し、一時を過ごした。

このそれぞれの大会で、ＡＲＣの諸宗教一体となっての自然保護活動への評価と、神道の歴史的な自然との共生の活動についてスピーチをしたのだが、世界を眺めた時の自然破壊の現状と、それに加えて資源の無秩序な乱用に多く起因する異常気象等については前述した通りである。

ミレニアム世界平和サミットでのスピーチ

複数の宗教の共同活動のもう一つは自然保護ではなくて世界平和の構築の模索というものだが、西暦二〇〇〇年、ミレニアムの年に、国連事務総長コフィー・アナン氏の提唱で、世界の主要宗教三十の代表者をニューヨークの国連会議場に集めてスピーチ、討論を行おうというものであった。平和サミットミーティングと名づけられた。

実際に幾つの宗教が集まったのか定かではないが、キリスト教旧教新教の各派、大乗仏教上座部仏教の各派、イスラム、ヒンズー、儒教、道教、ジャイナ教、アフリカやネイティヴアメリカンの宗教人等々、日本からは仏教が天台座主の渡邊惠進さん、神道からは私ということであった。

国連総会場は三千人くらい入るのだが、満席で、立っている人も多く、何人入ったのか。代表が順番にスピーチをすることになっていたので、娘（哲学を学んだ）と一緒にああだこうだと言いながら、英語の作文を考えたのだが、あとになって「出来れば七分くらいにしてくれ」と言われ、真正直に大幅カットして早口にしゃべり何とか降壇した。

ところが、他の代表者たちは長々としゃべり、幹事が前に行って鐘を鳴らしたりしても一向お構いなしの人も多い。予定ではスピーチのあと、七時頃からコクテルパーティーのはずだったのが到底終らず、たしか九時頃になったのだった（飛び入りも入ったのだったか）。コクテルは取り止めとなった。

何人もの宗教者がやって来て、神道とはそういうものだったのか、よくわかった、これから一緒にやろう、といった励ましを受けた。

御参考までに和訳を添えて入れておこう。

Shinto Statement at the Millennium Peace Summit

at the United Nations, New York

by Jingu Daiguji

August 2000, New York

Mr. Chairman, Ladies and Gentlemen,

Let me express, first of all, my great respect to His Excellency Mr. Coffi Annan and his supporting staff who have taken initiative in organizing the Millennium World Peace Summit of Religions and Spiritual Leaders, in which religious and spiritual leaders from all over the world come and work together in an effort to seek world peace.

Firstly, I would like to explain what Shinto is about. My country, Japan, situated to the north-east of the Asian Continent, consists of four main islands together with about seven thousand smaller islets. Its natural features have full of varieties, with seas, rivers, mountains and plains. Forests cover nearly seventy percent of the land, and climate is temperate in general. Naturally, such geographical and climatic conditions significantly influenced the ancient people in formulating the concept of divinity.

Our ancestors, long before registered history of established government, cherished nature, esteemed it, and viewed it with awe. They perceived that Kami (deities), dwelled in nature, for, woods and trees, wild animals, mountains and seas, downflowing streams, every being surrounding them which gave them richness of life, they saw as the embodiment of the spiritual. From time immemorial they lived with gratitude towards that which gave them life, that which is beyond human deliberation.

Thus, Shinto (the way of god) developed spontaneously in our ancestors concept of divinity. It has myriad of deities, and teaches us, above all, to live in harmony with nature, our ancestors and fellow people. Honesty and purity of soul are its highest ideals.

In order to maintain the agricultural community based on rice cultivation, not only cooperation among people was necessary but also the natural elements had to be integrated with each other, each playing its own role. Enshrining Kami in a sanctuary of each village, people got together, whenever it was necessary, and discussed community issues. Kami was always part of them, close to them.

These days, people in Japan tend to indulge in modern materialistic lifestyles, forgetting the spirituality their ancestors used to have. I feel we should reflect carefully on this matter in order to lead a life with deep appreciation of Kami.

This Millennium Summit is a memorable occasion, for, world peace is truly attained when worldly activities, that is, political negotiations and efforts on the part of the delegates of nations at the United Nations come together with the spiritual efforts of the religious leaders of the world. These two are, as it were, the two wheels of a cart aiming at the same goal.

In order to realize world peace, it is extremely important, I believe, that people and nations of the world deepen the respect towards each other, trying to learn each other's history, spiritual heritage, philosophy, and feelings and sensitivities proper to the people. We have to work together to strengthen mutual trust among nations of different religions through cultural exchanges and through patient dialogues among each other.

Human beings should refuse all war. War waged due to the differences of religions and beliefs is outrageous. Religion should not be abused by those who wage war. Religious leaders should always, stubbornly, and with utmost sincerity do everything they can to continue dialogues in search for world peace.

I earnestly wish that we would exert our efforts in this Summit, to collect all the wisdom that religions of the world have, and search for concrete measures in establishing world peace.

We should not forget that there are still many people in the world who are dying from poverty and starvation. Needless to say, it is our duty to stretch a helping hand urgently to those people.

At the same time, we should realize how seriously we damaged natural environment in pursuing material affluence. We have to remember an old saying, “Learn to be contented” meaning “Do not pursue wants beyond what you really need.”. Instead of incessantly pursuing more and more materialistic affluence, we should change our way of thinking in order to seek spiritual richness.

Recently, the rise of the earth’s temperature, destruction of the ozone layers, exhaustion of natural resources, massive dumping of wastes have become global issues. It has become our great concern to establish an economic system that could minimize negative influence which human activities cause to nature.

It seems that governments and industries of the world have started their environmental activities. At the same time, however, individuals should also be more conscious of the problem and participate in concrete activities.

At our sanctuary, the Ise Jingu, where I serve, we carry out the ceremony of ‘Sengu’ or

'Sanctuary Rebuilding' every twenty years. We rebuild the sanctuary, predominantly made of Japanese cypress, exactly the same way as the one before, unto the very details of it, and pray that the holy Kami be transferred to the new sanctuary building. This ceremony started in the seventh century. It not only serves to conserve the dexterity of century-old artisan skills, but, above all, it symbolizes continuity and rebirth, the central thought in Shinto (that one lives on and at the same time one is continually given a new life).

In order to secure a large amount of wood material, we grow forests and plant trees every year on Jingu mountains. The stream from these forests supplies the pilgrims with water to purify themselves, helps grow rice and vegetables on the sacred rice paddies and fields, which are offered to Kami as the sign of gratitude. The stream finally flows into the sea giving rich nutrition to seaweed and fish.

I think a certain recycling system of natural resources is established here, and together with its thoughts, it offers us a model for living with nature of which we ourselves are part, and gives us some ideas about how to deal with environmental issues.

According to Shinto, every being on the earth, including human beings, has god within it. The relationships between these beings are perceived as those of parents and children, brothers and sisters. We, at the Jingu of Ise, enshrine the holy deity of the Sun Goddess Amaterasu, which gives all the beings on earth equal warmth and light.

There are many different thoughts and religions in the world. Shinto shall always endeavor to understand and respect them. So long as the religions of the world aim at true spirituality, at that which is beyond our material existence, so long as their ideal is to attain a higher level of existence, in the profundity of our souls.

I am convinced that we can all work together, hand in hand, for attaining lasting peace.

My dear colleagues,

On this auspicious occasion of the Summit, let us determine to exert all our efforts in order to guide people to the direction that they respect each other and equally embrace each other with the spirit of tolerance, beyond the difference of thoughts, faith, and religions. When we would succeed in this, it is the time that the everlasting peace prevails over this world.

〈神道による提言〉

国連ミレニアム平和サミットにおいて
二〇〇〇年八月　神宮大宮司

議長およびお集まりの皆さま

このたびは世界平和を達成する道を共に模索するために、世界中より、諸宗教および精神的指導者が一堂に会しました。この「宗教と精神的指導者たちによるミレニアム世界平和サミット」実現のために指導力を発揮し、多大な尽力をされましたコフィ・アナン国連事務総長閣下とスタッフの皆様に、何よりも第一に心からの敬意を表明したいと思います。

まずはじめに、神道について説明させて下さい。

私の国・日本は、アジア大陸の北東に位置し、その国土は約七千におよぶ島々で構成され、海・山・平野があり、地形の変化に富んでいます。気候は温帯性で、一年を通じて比較的穏やかと言え、国土総面積の約七〇パーセントが森林に覆われている緑豊かなところです。このような地理的気候的条件が、私たちの先祖の神観念の形成に少なからぬ影響を与えたと考えられます。

統治機構が形成されることによって歴史が記述され始めるよりもはるか以前の遠い昔の時代から、私たちの祖先は自然を大切に敬い、畏れ、慕ってきました。「神は自然の中にいます」と感知していました。森や木々、野生動物たち、山々や海、奔流となって流れ下る急峻な川など、自然の中のあらゆるものが彼らを取り巻いて、生きとし生けるもののために限りない恵みをもたらしてくれていることを見て、これらを「あまねく神霊的なるもののあらわれ」ととらえていました。記憶のはるか彼方より、私たちの祖先は、私たちの生そのものを可能としてくれる何か、人智を超えた何かに対する深い感謝と共に生きてきました。

この意味で「神道」（神の道という意味です）は私たちの祖先の心の中から自然に生まれ出て来たものでした。そこには、無数の神々がおられ、自然や御先祖たち、仲間の人間たちと調和して生きることの素晴らしさを教えてくれるものでした。そして神道が最も大切にしている理想は、「正直さ」と「魂の清らかさ」です。

世界30の主要宗教の代表者を集めて行われた西暦2000年の国連「ミレニアム世界平和サミット」に参加し、ニューヨークの国連総会会議場でスピーチ

稲作を中心とする農耕社会では、人間同士の協力はもちろん、山や川、太

陽や雨、動物や植物など、自然の要素すべてが互いに関係し合い、それぞれの役割を担いながら協力し合う形を取らなければ成り立ちません。人々は村の神聖な場所に神様をお祀りし、事あるごとに集まって、共同体のことがらを話し合いました。神は常に彼らの一部であり、彼らのすぐかたわらにいました。

今日の日本人は、先祖の持っていた精神性を忘れ、物質中心的な生活に耽溺しています。これは大きな問題と言わざるをえません。

今回のミレニアムサミットが特に意義があるのは、「国連の場で行われる各国代表者による現実的、政治的な交渉や努力とともに、世界の宗教指導者による精神的な努力が併存してこそ、真の世界平和が達成される」と考えるからです。この二つの活動は、あたかも車の両輪の如きものと言えるでしょう。

世界平和を実現するためには、世界の人々や国々がお互いのことを大切に思う気持ちを持てるかどうかが鍵となります。これは、お互いの歴史や哲学を学んでみることとつながると思うのですが、このことは、その国や人々が長い歴史の中で何を感じ取り、どんな思いで過ごしてきたか、その人々の間で長く受け継がれてきたもの、その人々の中に流れている精神的なもの、いわば、それぞれの国や人々の集団の固有の心や感受性を思い、これをそのまま感じようとしてみることに他なりません。このことがとても大切だと私は思うのです。

宗教的価値観の異なった国家間では、互いの信頼を深めるために、文化交流を積極的に行い、辛抱強い話し合いを継続してゆかねばなりません。

そして人類は、如何なる戦争も拒否しなければなりません。ましてや、宗教の違いに起因する戦争などは言語道断です。宗教は決して戦争をしかける者たちに悪用されてはなりません。平和を求め、あくまでも話し合いを重ねてゆくことにこそ、宗教者が懸命に、執拗に、あたう限りの誠意をもって努力すべきものと思います。

本サミットでは、各宗教の有する叡智を結集し、世界平和達成に向けての具体的な方策が探求されますことを願って止みません。

私たちは、今日においても貧困のため、飢餓のために多くの人々が亡くなっている地域があることを忘れてはなりません。世界がこれらの地域に援助の手を伸ばすことが喫緊の大事でありますことは、今さら申すまでもありません。

同時に私たちは現在、物質的な富を無制限に追求しているために、いかに深刻な環境破壊を引き起こしているかを自覚しなくてはなりません。昔から「足るを知る」という格言がありますが、これは「あなたにとって真に必要なもの以外、それを超えて渇望し、求めるな」という意味です。私たちは精神的な豊かさを求める方向に、考え方を変えなくてはならないと思います。

近年、地球温暖化やオゾン層破壊、資源枯渇や大量廃棄などが大きな国際問題となっており、限りある資源を大切にしながら、自然環境に与える人間活動の悪影響をできる限り抑えた経済社会をいかに構築するかが課題となっています。

これらの環境問題への対策については、国や企業などの努力も始まったやに見えますが、この問題に対する危機意識をさらに高め、個々人が具体的に行動し、実践してゆかねばならないでしょう。


私共の伊勢の神宮では、神殿を細部に至るまで正確に同じに建て替えて神様にお遷り願う「遷宮」という行事を二十年に一度行っています。この行事は七世紀に始まったものです。これは神道の「常に存在し続けると同時に、常に生まれ変わって、新しい生命をいただく」という信仰を象徴しているものです。

この遷宮が行われることで、幾世紀にもわたる精巧な職人の技術が継承されます。また、御遷宮のためには檜などの多くの材木が必要となりますので、将来を見越して神宮の山林に毎年植樹して、美しい森を育てています。この山から流れてくる豊かな水は、参拝者の心身を清め、神宮神田の稲を育て、御園の野菜を育て、海に注いでは海藻類や魚類を育てています。これらは感謝を込めて、神様のお食事として供えられます。

国連ミレニアム平和サミットでの一コマ。左から三人目がコフィー・アナン国連事務総長

こうした自然の循環システムと、その根底に流れる考え方をもう一度感じ取って、再構築してみることも、私たちの社会が直面する問題を思う時、大切なヒントを与えてくれるのではないかと考えています。

神道では、人間を含めた自然のすべてに神々が宿ると考え、お互いの関係も親子や兄弟姉妹のように捉えています。そしてこれら多くの神々を分け隔てなく調和の光で包んで下さるのが、伊勢の神宮の御祭神・天照大御神です。

世界には様々な考え方、宗教がありますが、神道はこれらを理解し尊敬しようと努めています。世界の諸宗教が物質的な存在としての我々の存在を超えて、真の精神性を求めるのであれば、そして、私たちがより高い存在となることを魂の深奥からの理想とするならば、共に手を携えて恒久平和達成のために力を尽くすことができると信じて止みません。

親愛なる我が同僚の皆さま、

どうかこのサミットを機に、人類が思想・信仰・宗教の違いを超え、互いに尊敬し合い、寛容の心を持って抱擁し合えるように、私たちの持てるすべての力を注いで努力していこうではありませんか。これが達成された時こそが、まさしく世界平和が到来する時であります〉

この翌日、代表者数十人がアナンさんを囲んで語り合い、また一緒にやろう、こうした会も時々やろうなど言い合った。なかなか実現に至らないが、有意義な会だった。私の記憶にも強くきざまれている。

退任の感傷と祝福

平成十三年、神宮を退任する少し前、前に書いたアメリカで活躍した山県さんが米国人の友人をつれて神宮参拝にみえた。神楽殿の応接間でお会いしたのだが、山県さんが、「この方は神宮大宮司だ、こういう立場の方だ、私の古い友人だ、近く退職されるそうだ」とこの米国人に私を紹介したところ、この老米国人は、「あ、そうか、コングラチュレーション（おめでとう）」と言って、にこにこして両手で握手してきた。私は一瞬びっくりして、「サンキュー」と応じたのだが、欧米と日本との文化の違いだな、と思ったものだった。

私が神宮をやめたのは、すでに十一年たっていて七十二歳になり、元気ではあるもののそろそろ後進に道を譲ったほうがよいと思い、自分できめたことであったが、前の会社をやめた時もそうだったが、一抹の感傷を持っていた。

東伏見慈洽様を囲む会にて。左から大谷暢順様、東伏見慈洽様、私、東伏見睿俶（としよし）様

日本ではだんだん変わってきたかもしれないが、会社が自分の生活といおうか、一種家族的な存在、終身雇用が一般だったから、やめるというのは大きなこと。会社生活の思い出にひたるとか、一種の精神的な動きがあるのが普通だろうが、欧米では会社生活は生きる糧を得るための方便、お金をためて早くやめたいと

いうのが一般であろう。

代理店の英国人社員など、やめると言うので、一杯飲もうとパブなどに誘って、これからどうするのだ、ときくと、やっと金をためてカントリーハウスを買った、これからはガーデニングで楽しむんだ、などと喜々としている。この山県さんの米国人の友人も、私がやめるというのを、そりゃあよかったな、おめでとうという気持ちの現れ一杯で握手を求めてきたわけで、私も英国での昔を思い出したのだった。

神宮大宮司を十一年間奉仕して、平成十三年に退職、神社本庁統理となり十年勤めて平成二十三年に退職した。

神社本庁とはいかめしい名前、監督官庁のようなものか、とよく聞かれるが、全国に八万ほどある神社に共通した問題を扱う組織。政府に代表して物申すとか、団体保険を扱うとか、各県に神社庁があるが、そこから地方の神社の要望を吸い上げたり、諸々の問題の解決に当たったり、といった仕事をしている。

嫌なものは皆でシェアーする気持ちを

さて、これでやっと現在、平成二十七年、二〇一五年に到着した。現在は、神宮と神社本庁は顧問、ロータリーはパストガバナーとして、前述した平和センターのフェローたちの世話をするホストエリアコーディネイターの仕事を手伝っている。この間、以前、霞会館（華族会館の後身）の理事長を十六年務めたのだが、ここでの色々のクラブ活動、雅楽や室内楽、コーラスといったもの、その他に首を突っ込んでいるし、他に様々の付き合いがある上に、時々はゴルフ、そして暇をみては作曲や読書、レコードやCDを聴くというわけで、時間のないのを託《かこ》つ毎日だ。日本の現状、将来についても考えることは沢山ある。

その中で二つほどについてだけ書いておこう。

一つは原発の問題。四年前の東日本大震災の時の原発事故以来、日本全国の五十四基（現在はメルトスルーした四基を除いた）の原発は作動していないわけだが、現政権は再稼働を検討しているようだ。私は一般の素人の一員なのだが、常識的に考えても次のことは言えるのではないか。

日本が世界有数の地震列島ということは何人も否定出来まい。当然、断層が張りめぐらされている。何時《いつ》地震が起こるかわからない所の真上に作られている原発もあるようだ。十分の調査の上、作られたことになっているが果たしてそうなのか。いずれにせよ危険なことは明らかであろう。自然エネルギー、再生可能エネルギーに方向転換するのが望ましいことは何人も否定出来ないはずだ。

原発が一番廉価で再生可能エネルギーで作った電力は高いという説があるが、原発が一旦事故に遭うと、多くの罹災者を出し、その健康を蝕むのみならず、土地や海が放射能に汚染されて長期間使用不能となる。使用済燃料の処理等々に要する巨額の費用のことを考えると最も高価なのではないか。再生可能エネルギーのほうが今高いとしても、日本の技術力で克服出来るのではないか。ドイツ等の国では再生可能エネルギーの使用が日本より遥かに多いようだが、その機械の技術には日本の技術が多く使われているとか。

考えさせられるのは、原発事故の処理に他の県の協力がどうも得られていないようにみえることだ。米軍基地の問題にも考えが及ぶ。小さな沖縄に多くの米軍基地が集中していること、基地活動の目的上、地の利がよいのかもしれないが、本土の西部の地域にもう少し広がってもよさそうな気がするが。

誰でも嫌なもの、快適な生活にマイナスな何かについては拒否したくなるのはもっともだが、嫌なものでも日本として受けざるを得ないものは皆でシェアーするという気持ちが大切なのではないか。

前述した教育の問題、幼な児の教育は大人の共同の責任だという考え方、またシドニーのところで書いた近隣の人たちで困ったことは共に助け合うという考え方に似たようなことではないのか。色々の問題はかかえつつも、遥かに裕福になった今日、かえって凶悪犯罪がふえているのはどうしたことか。原発でも、原発予定地に大金が投じられて、過疎地に御殿のような公民館が建ち、ちらほらしか人が来ないとか、大金を投ずる理由にも考えさせられるものがあるが、こんな金なら困っている母子家庭、非正規労働者、孤独な老人たち等の問題解決に廻せないものか。何か矛循を感ずる。

もう一つ考えること

もう一つは、旧皇族に関する問題だ。近頃、旧皇族をまた皇籍に戻すべきだという意見もあるようだが、私はこれについては、「何を今さら」というのが正直なところ本心だ。

戦後の昭和二十二年、GHQの命令とはいっても、皇室会議とか一応手続きを経て、国民の総意として臣籍降下し、日本国民皆そうであったが、財産税をとられ、不在地主の土地も取られ、直ちにすべての使用人を一括解雇してアパート住いをするわけにもゆかず、竹の子生活を強いられた。

私の代になってからは、お世話になった方々のアドバイスも受けて、宮内庁書陵部長を退官した植秀男さんに家のことを色々手伝ってもらい、残っている妹弟たち（私は八人兄弟）の身をかためさせ、経済的にも一応安定した状態になった。

この間もちろん一銭の金銭的援助も誰からも受けていない。

これを今さら、皇籍に復して国民の貴重な税金をいただくのには拒否反応がある。折角この七十年に近いサラリーマンを含む生活で、名実共に一般市民として築きあげた物心両面の蓄積は大事にしたい。

1991年に行った久邇宮朝彦親王の百年祭を迎えるにあたり自宅での霊舎祭の折。前列右が植秀男氏。他は私の兄弟姉妹たちと、その配偶者（残念ながら平日だったので、姉妹の夫君は参加できなかったが）

しかしながら、皇室の問題はなかなか複雑で、その存廃を含めたあり方、様々の要素を勘案し、最終的には国民の総意によることとなるのだから、私個人が兎や角言うことではなかろう。

要は日本国のために何がよいかということだ。

河水茫々

さて、ここらで大団円（？）ということか。私の八十六年の生涯について思い出すままに書いてきたが、考えてみるとこれでよかったのだろうか。あの時こうすればよかったということが幾つもある。

でも後悔先に立たず、もはや致し方

ない。

さて、これから何年の余生を神様が与えて下さるのか。これからは後悔することのないように、楽しみはそこそこに、何か世の中のお役に立てることをしたいものだが、さてどうしたらよいのか。結局、何も出来ずに酔生夢死になってしまうのが落ちか。

祖父邦彦《くによし》王が明治四十一年、欧州滞在の際に漏らした感想に、「夫《そ》れ旅は一笠一杖に限れり。彼の堂々たる王者の羈旅《きりよ》は興少くして苦多し焉」とある。また、曾祖父朝彦親王は御裳裾川を眺めて河水久澄と詠《うた》ったが、私は心を澄ませてこの清らかな流れに面することが出来るのだろうか。私に出来るのはこの川面を茫然と眺めることぐらいか。将《まさ》に河水茫々というところか。嗚呼。

〈著者略歴〉
久邇邦昭（くに　くにあき）
昭和4年（1929）、東京府東京市生まれ。昭和10年（1935）4月、学習院初等科に入学。昭和20年（1945）4月、海軍兵学校（77期）へ入校し、終戦を迎える。昭和22年（1947）10月、皇籍離脱。昭和27年（1952）3月、学習院大学文政学部政治学科卒業後、飯野海運に入社。昭和39年（1964）、川崎汽船に移籍。太洋州総支配人、取締役欧州アフリカ総支配人などを歴任後、川崎航空サービス代表取締役に就任。平成2年（1990）より神宮大宮司を務める（平成13年〈2001〉まで）。平成13年から23年（2011）まで、神社本庁統理。また、平成3年（1991）から平成19年（2007）まで霞会館理事長も務めた。

少年皇族の見た戦争
宮家に生まれ一市民として生きた我が生涯

2015年7月6日　第1版第1刷発行

著　者　久邇邦昭
発行者　小林成彦
発行所　株式会社PHP研究所
東京本部　〒102-8331　千代田区一番町21
学芸出版部　☎03-3239-6221（編集）
普及一部　☎03-3239-6233（販売）
京都本部　〒601-8411　京都市南区西九条北ノ内町11
PHP INTERFACE　http://www.php.co.jp/

組　版　朝日メディアインターナショナル株式会社
印刷所　大日本印刷株式会社
製本所　東京美術紙工協業組合

ISBN978-4-569-82428-4